DELIUS KLASING

ULRIKE RICHTER · ULRICH ALBUS

KOCHEN OHNE KÜCHE

140 ERPROBTE REZEPTE FÜR UNTERWEGS

DELIUS KLASING VERLAG

Inhalt

Warum dieses Buch?

Gut essen auf Reisen, wer möchte das nicht. Unabhängig davon, dass es bei einem Restaurantbesuch oft einer Portion Glück bedarf, wird ein Urlaub durch Lokalbesuche deutlich kostspieliger, als wenn man auf Selbstversorgung setzt.

Persönliche Essgewohnheiten, der Anspruch an die Qualität von Lebensmitteln oder an einen Individualurlaub fern ab der Zivilisation - immer mehr Menschen suchen für Freizeit und Urlaub mobile Fluchtmöglichkeiten aus dem Alltag und setzen dabei auf Selbstversorgung. Eine expandierende Branche rüstet entsprechend auf. Egal, ob mit dem Rucksack im Elbsandsteingebirge beim »Boofen«, auf dem Alpengipfel im Schnee, nach einer Kanutour in der kleinen Bucht, im Zelt auf einem Campingplatz, während der Fahrradtour - oder etwas komfortabler auf der Segelyacht, dem Hausboot oder im Wohnmobil - auf Campingkochern wird gerührt und geschmort. Welche Kochstelle, welcher Topf, welches Besteck, welche Teller und Tassen? Outdoor-Equipment füllt inzwischen Kataloge.

Dieses Buch versteht sich weniger als Berater für passendes Equipment, es soll vielmehr Grundlagen vermitteln, eine Kaufentscheidung für die persönlichen Ansprüche zu erleichtern. Was nutzt die beste Ausrüstung, wenn man nichts damit anfangen kann? Folglich ist dieses Buch mehr eine Anleitung für eine einfache, aber leckere Küche. Es gibt Tipps und Anregungen, sich immer und überall natürlich und gesund zu ernähren - mit möglichst geringem Arbeits- und Energieaufwand. Und natürlich sind auch die Tipps dabei, die schnell mal eben für einen warmen Magen sorgen. Auch wenn es hier nicht nur »vollwertig« zugeht, so sind unsere »Magenwärmer« doch ohne Zusatzstoffe wie Glutamat oder synthetische Süßstoffe.

Das Buch folgt der Zeitachse einer Reise, beginnt also mit der Ausrüstung, die man ja meist schon lange vor Reisebeginn beschafft, befasst sich mit

Vorräten, die man kurz vor Reisebeginn kauft, und bietet dann nicht nur Rezepte, sondern auch wichtige Tipps, wie man unter freiem Himmel etwas Gutes in Topf oder Pfanne zaubern kann.

Wir machen keinen Unterschied zwischen einem Wochenendausflug und der mehrwöchigen Urlaubsreise. Hat man den Anspruch, gut zu essen, sollten lokale Möglichkeiten genutzt und stets möglichst frische Lebensmittel eingekauft werden. Seinen Vorrat an Trockenware kann jeder selbst bemessen. Die Himalaya-Expedition oder eine Atlantiküberquerung finden hier keine Berücksichtigung, weil es bei derartigen Reisen vorwiegend um andere Dinge geht, als gut zu essen. Das Buch bietet auch nützliche Checklisten, die man sich einfach kopieren kann.

Vorfreude – Gut gerüstet

Am Strand, am Flussufer, vor dem Wohnmobil oder auf dem Zeltplatz kann nur fein speisen, wer sich vorher ein paar Gedanken zur Ausrüstung gemacht hat. Je nach Fortbewegungsart sind Begrenzungen hinsichtlich Gewicht und Platz relevant.

Wir haben in diesem Buch drei Kategorien für Ausrüstung, Vorräte und Gerichte vorgesehen:

SYMBOL 1
(Wanderer, Radfahrer)

Minimale Ausrüstung, die bei geringem Gewicht wenig Platz beansprucht. Außer Gewürzen können nur sehr begrenzt Vorräte mitgenommen werden. Hier finden Wanderer oder Radfahrer Tipps für die Ausrüstung und umsetzbare Rezepte.

SYMBOL 2
(Kanuten, Motorradfahrer, Zelt)

Hier ist schon mehr Platz für die Ausrüstung vorhanden. Ein Grundstock an Vorräten kann mitgenommen werden. Die Gerichte sind dem angepasst. Kanu-, Kleinboot- und Motorradfahrer finden in dieser Kategorie Ausrüstungs- und Rezeptvorschläge.

SYMBOL 3
(Wohnmobil, Wohnwagen, Hausboot, Segelyacht)

In diesem Fall ist eine Miniküche unterwegs. Gewicht spielt nicht mehr die tragende Rolle, Vorräte, auch für mehrere Tage, sind dabei. Es können auch mehrgängige Menüs gekocht werden. Der Wohnmobil-, Bootsfahrer oder Caravan-Urlauber findet hier seine Ausrüstung und Rezepte.

Gewicht, Gewicht und Platz!!! Hier muss mit jedem Gramm Gewicht und mit jedem Liter Raum gegeizt werden:

Ausrüstung (pro Person):

- Zum Trinken kann man das typische Berghaferl verwenden. Diese Trinkgeschirre sind stapelbare Plastik-Schnabeltässchen, man kann von der Suppe bis zum Kaffee alles daraus schlürfen.
- 1 Teller oder besser: stapelbares Koch- / Essgeschirr
- 1 Topf
- Messer, Gabel, Löffel (am besten in einer klappbaren Variante, gern aus Titan, das spart noch ein paar Gramm)
- Schweizer Messer (enthält meistens auch Korkenzieher und Dosenöffner)
- Trinkflasche
- Alu- und Frischhaltefolie sind aus ökologischer Sicht bedenklich, wenn man sie sparsam und sorgfältig gebraucht, aber durchaus nützlich. (Bei der Entsorgung sollte später Sorgfalt herrschen.) Man kann erhitzte Speisen in Folien »nachreifen« lassen und / oder sie formen: wie z. B. gesäuerte Sushi-Bällchen. Anstelle von Frischhaltefolie nehme ich auch gern Frühstücksbeutel aus dünnem Kunststoff, die ich nach Verwendung wasche und später zur Aufbewahrung fertiger Speisen verwende. Auch eine gepflegte Alufolie lässt sich mehrfach verwenden.
- 1 Frischhaltedose mit abgepackten Tütchen für Salz, Pfeffer, Zucker, Teebeutel, Senf, Sojasoße und Lieblingssoßen in Minifläschchen, Tütchen mit Nescafé und einer kleinen Flasche mit Spülmittel.
- Zippo-Benzinfeuerzeug (funktioniert auch bei Wind und Wetter), Kocher mit Spiritustabletten. Streichhölzer können feucht werden!!
- Zellstofftücher
- Garn oder Schnur aus Naturmaterial
- eventuell Fischgrillzange, die auch als »Grill« für Fleisch über dem Lagerfeuer dient.
- Kerzen
- klappbarer Hobo-Kocher – z. B. Picogrill, der keine 100 g wiegt und bis 1,5 Liter trägt.
- Kocher mit Spiritustabletten

Das gesamte Gewicht sollte 2 kg nicht überschreiten.

SYMBOL 2

Gewicht ist hier nicht mehr das alleinige Kriterium, aber Platz ist trotzdem knapp:
Ausrüstung (pro Person):
Wie Symbol plus

- Kartuschen-Gaskocher oder klappbarer Hobo-Kocher
- Topf oder Topfset

Die gesamte Ausrüstung darf 3 kg wiegen.

SYMBOL 3

Hier hat man eine Miniküche, und Stauraum ist (begrenzt) vorhanden. Aber jedes Wohnmobil und jedes Boot kann auch mit Vorräten überladen werden.

- Sowohl im Wohnmobil als auch auf einem Boot haben sich die praktischen Kochsets bewährt: Drei Töpfe (1,7 l, 2,1 l und 2,9 l), eine Pfanne (20 cm Ø), ein separater Griff, mit dem das heiße Kochgeschirr ohne Kochhandschuh bewegt werden kann. Alles lässt sich ineinander stapeln und nimmt dann den Platz des größten Topfs ein. Beim Kochen kann es übereinander gestapelt werden, und während noch eine Speise gart, werden ein oder zwei andere warm gehalten. Die Pfanne dient auch als Deckel für den größten Topf. Qualität des Kochgeschirrs zeichnet sich dadurch aus, dass der Deckel gut verschließt und man so den Druck von Wasserdampf nutzen kann. Bei häufigem Gebrauch sind Topfsets aus Edelstahl zu bevorzugen. Häufig hat Aluminium eine Eloxalschicht, die ist jedoch empfindlich und schnell zerkratzt. Ungeschützt reagiert Aluminium mit Säuren. Deshalb sollte man wenig oder gar nicht mit Wein oder Zitronensaft kochen.
- Besteck (Löffel, Gabel, Messer, Teelöffel) sollte sich nach Anzahl der Personen richten.
- eine kleine Kelle
- ein Korkenzieher
- ein Pfannenschieber
- zum Taschenmesser noch ein gutes Küchenmesser
- ein Kartoffelschälmesser. Auf Wanderungen hat mir ein Opinel-Messer als Allroundhandwerkszeug gute Dienste geleistet. Auch an Bord würde ein hochwertiges und gut geschliffenes Taschenmesser reichen. Tipp: Messer

nie spülen, sondern immer nach Gebrauch sauber abwischen und sofort trocken reiben.

- Mit einem scharfen Messer kann man sich schnell einen Stampfer basteln und so die Küche um ein spezielles Werkzeug erweitern (z. B. für Klöße). Wer wenig Platz hat, verfeuert den Stampfer nach Gebrauch.

- Pro Person sind ein tiefer und ein flacher Teller ausreichend. Wenn Gewicht eine Rolle spielt, kann man Kunststoffteller (aus Melamin) oder besser Emailleteller (werden heiß) in Erwägung ziehen.
- Schüsseln sind »Luxus«, weil Töpfe diesen Zweck auch erfüllen können.
- Pro Person ein Glas, am besten aus unzerbrechlichem Kunststoff.
- Eine »weiche Lippe« sollte immer im Gepäck sein. Gemeint ist ein Silikonschaber, mit dem man mühelos Gerichte wenden und Töpfe perfekt leer schaben kann.
- Für Gasherde in schwimmenden oder fahrenden Fahrzeugen ist ein elektronischer Anzünder prima, da man sich dann nicht die Finger an den Gasflammen verbrennt.

- Alles wird mal schmutzig und muss gereinigt werden. Spülmittel kann in kleinen verschließbaren Plastikflaschen oder -döschen mitgenommen werden. Im Naturschutzgebiet empfiehlt sich eine kleine Portion Lavaerde (im Naturkostfachhandel erhältlich). Ghassoul ist ein fein gemahlenes Tonmineral, das einen reinigenden Effekt hat. Der Name stammt von »lavare« und bedeutet »waschen«.
- Man sollte ein offenes Auge für die Kräuter der Region haben. Im Mittelmeerraum wachsen Lavendel und Rosmarin sogar in der Regenrinne, und Lorbeer dient als Hecke. Abschneiden, mitnehmen und im Topf zaubern lassen. Überhaupt ist es wichtig, dass man den Duft einer Region einfängt. In Sommergärten gedeihen Minze, Bohnenkraut, Melisse und andere Aromapflanzen. Ein nettes Wort und jeder Gärtner freut sich und reicht ein Sträußchen für die mobile Küche. Dafür braucht man jetzt die kleinen Tütchen ... Achtung! Frische Kräuter unbedingt erst trocknen lassen, da feuchte Gewürze schnell schimmeln. Auf Rucksacktouren hab ich mir ein Sträußchen an den Rucksack gebunden, bis es trocken war. Eingetütet in fest verschließbare Tütchen ist so ein »Gewürz-Poesie-Album« fast unsichtbar, ... aber es duftet herrlich.

GAREN MIT HITZE

Der bislang älteste gesicherte Hinweis auf eine Kochstelle ist etwa 790 000 Jahre alt. Der Mensch hat gelernt, über Feuer seine Nahrung aufzuschließen und damit den Verdauungsprozess zu unterstützen. Dass das Gehirn des Menschen deshalb expandieren konnte, ist eine erwiesene Folge dessen. Also: Kochen bedeutet ein Voraufschließen von Nahrung, entlastet den Organismus, tut gut und schmeckt vor allem besser als ständig Rohkost.

Wir beschränken uns auf einfache Mittel und möchten unter bescheidenen Bedingungen Leckeres auf den Teller zaubern. Die besten Rezepte wurden in armen Töpfen erfunden; die meisten kulinarischen Delikatessen sind nicht aus Überfluss entstanden. So ist Sushi (Hand-Ball) eine Methode, um frischen Fisch im gesäuerten Reis länger haltbar zu machen. Sauerkraut, angeblich die deutsche Nationalspeise, ist eine enzymatische Beilage, die den Darm kultiviert und den vitaminhaltigen Kohl lagerungsfähig macht. Gebratenes oder gesäuertes Fleisch – besonders rotes Fleisch – hält sich auch ungekühlt und schmeckt kalt.

HITZE OHNE TECHNIK

Wenn man keinen Kocher oder Herd hat, bleibt zum Kochen nur offenes Feuer. Stockbrot und Folienkartoffeln garen unter dem wachsamen Auge in den Flammen.
Bewährt hat sich die Fischgrillzange im Gepäck. Sie ist so etwas wie ein leichter, flacher Grill. Fisch, kurz zu bratendes Fleisch oder Gemüse werden eingeklemmt, und ab geht der Schmaus über die Glut. In Kombination mit Alufolie erweitern sich die Möglichkeiten.

HOBO-KOCHER

Zwischen drei Steinen kann man ein Feuerchen machen und kochen. Dabei verpufft aber sehr viel Energie nutzlos. Viel effizienter sind sogenannte Hobo-Kocher. Hobos waren Wanderarbeiter, die in den Dreißigerjahren Güterzüge nutzten, um durch die USA zu reisen und darum nur wenig mitnehmen konnten. Diese armen Leute kochten über ausgeschnittenen Konservendosen und erfanden so den Hobo-Kocher. Aus der Not wurde eine Tugend, die heute im Handel erhältlich ist.

Der Hobo-Kocher ist im Prinzip noch immer eine »aufgeschnittene Konservendose« mit ein paar Löchern im Boden und in den Seitenwänden, in der brennbares Material entzündet wird. Es reichen trockene Stöckchen, Tannenzapfen oder anderes, leicht brennbares Holzmaterial. Die Hitze wird gebündelt, und man kann mit erstaunlich wenig Brennstoff enorme Energie erzeugen. Im Outdoor-Fachhandel gibt es inzwischen eine große Auswahl an Hobo-Kochern.

Ich habe einen Versuch mit dem Picogrill aus der Schweiz gemacht und war erstaunt, wie viel Hitze sich damit erzeugen lässt. Zusammengefaltet passt dieser Kocher noch in jeden Rucksack.

TIPP: Ob ein Preis von ca. 60-100 € für einen solchen Kocher angemessen ist, kann jeder selbst entscheiden. Eine gut gelöcherte Blechdose funktioniert nicht schlechter (und man bekommt den ersten, wenngleich auch zweifelhaften, Schmaus gleich mitgeliefert).
Man kann sich auch die Mühe des Bohrens sparen und den Besteckbehälter eines großen Möbelhauses in einen brauchbaren Kocher umtaufen.

Wer wirklich experimentieren möchte und Zeit mitbringt, kann sich an einem Erdgrill versuchen. Ein Erdgrill kann sowohl klassisch zum Grillen benutzt werden, aber mit einer deckenden Erdschicht auch zum Schmoren. Der klassische Erdgrill ist einfach nur ein ca. 5-10 cm tiefes am besten rechteckiges Loch, in dem ein Feuer entzündet wird. Sobald eine gleichmäßige Glut vorhanden ist, kann man mit dem Grillen beginnen. In sehr trockenen Regionen schützt der Erdgrill vor Funkenflug und mindert eine Brandgefahr.

Aufwendiger ist ein Erdbraten, bei dem das Bratgut auch von oben abgedeckt ist. Dabei ist zu beachten:

- Feuer entzünden und dabei einige Steine (als Wärmespeicher) mit in die Glut legen.
- Fleisch in kleinere Stücke schneiden, sonst ist die Garzeit zu lang.
- Fleisch würzen (siehe Rezeptteil)
- Fleisch einwickeln (als Schutz vor Sand und Erde mit Alufolie oder großen Blättern)
- Garzeit ca. 45 Minuten
- Das Fleisch ist nicht knusprig, sondern wie bei einem Braten schon durchgegart.

WEGWERFGRILL?

Im Sommer bekommt man sie an jeder Tankstelle: »Einweggrills«. Sie sind im Prinzip nichts anderes als Aluschalen, die mit einem in Paraffin getränkten Papier und Holzkohle gefüllt sowie mit Draht überzogen sind.

Mir persönlich ist es noch nie gelungen, darauf ein gutes Steak zu grillen. Auf Bootsstegen oder Holzbänken kann man damit auch nicht grillen: Die Hitze der Holzkohle schlägt nach unten durch! Der einzige wirkliche Vorteil dieser Grills ist die Vermeidung von Holzkohlestaub im Gepäck. Dafür hat man dann ruß- und fettverschmierten Müll, den man wenigstens bis zur nächsten Mülltonne transportieren muss.

HOLZ ODER HOLZKOHLE?

Natürlich ist ein flackerndes Lagerfeuer wesentlich romantischer als vor sich hin glimmende Holzkohle. Holzkohle enthält im Vergleich zu trockenem Holz ungefähr das Doppelte der Heizenergie pro Kilo. Da dem Holz durch den Holzkohleprozess bereits viele ungewollte Bestandteile entzogen wurden (z. B. Schwefel), eignet sie sich sehr gut zum Zubereiten von Nahrungsmitteln. Die Verbrennungstemperatur liegt höher. Bei der Entscheidung sollte man bedenken:
- ein Holzkohlefeuer enthält fast keine Rußanteile
- ein Holzkohlefeuer lässt sich besser regulieren
- ein Holzkohlefeuer macht keinen Rauch

Jedoch muss Holzkohle trotz des geringen Gewichtes transportiert werden. Holz gibt es fast überall.

HOLZKOHLE ANZÜNDEN

Einen Kerzenstummel anzünden und die Holzkohle vorsichtig um die Flamme schichten. Mit ein bisschen Geduld brennt die Holzkohle auch ohne Verwendung von Papier oder anderen Stoffen an. Das in den Kerzen enthaltene Paraffin verbrennt rückstandsfrei. Erst nachdem die Kerze verbrannt ist, das Grillgut auflegen.

Und natürlich die Sicherheit nicht vergessen:
- Nur trockenes, am besten abgestorbenes Holz verwenden.
- Hartholz ist besser als Nadelholz, ist aber schwerer anzuzünden.

- Für kleine Feuer eignen sich gut Tannenzapfen.
- Grillen oder Kochen geschieht über der Glut und nicht über einer Flamme.
- Eine Abgrenzung des Lagerfeuers zur Umgebung herstellen (Steine oder Erde aufschütten).
- Feuer muss unbedingt und permanent überwacht werden.
- Nach dem Grillvergnügen unbedingt sorgfältig löschen!

SPIRITUS

Spiritus gibt es in verschiedenen Formen:
Tabletten - Brennpaste - flüssig
Der Energiegehalt von Spiritus ist mittel. Man braucht eine vergleichsweise große Menge Brennstoff, um ein Gericht zu kochen. Von allen flüssigen Brennstoffen hat Spiritus noch den »angenehmsten« Geruch.

SPIRITUSTABLETTEN
Wanderer benutzen seit Generationen die Kocher von Esbit (www.esbit.de). Die Firma stellt verschiedene Arten von Kochern insbesondere für Rucksackreisende her.
Mit Trockenbrennstoff (meist in Tablettenform) kann man kleine Mengen Wasser erwärmen oder zum Kochen bringen. Die Hitze reicht nicht zum Braten. Ein guter Windschutz ist extrem wichtig, weil die geringe Hitze sonst nicht auf den Topf konzentriert ist. Aber das Gewicht und der Platzbedarf sind gering. Und das ist für manche Outdoorfreunde entscheidend!
Im Rezeptteil finden sich ein paar ganz einfache Rezepte, die zeigen, dass man auf die Pülverchen der Industrie nicht angewiesen sein muss.

BRENNPASTE
Brennpaste ist auf jedem Buffet im Einsatz und hält Gerichte warm. Hier ist der Energiegehalt höher, man vermeidet den Spiritusgeruch, die Verpuffungsgefahr ist geringer, und die Brennpaste ist einfacher zu transportieren. Es gibt sie auch in klein abgepackten Größen.

FLÜSSIGER SPIRITUS
Mit einem guten Spirituskocher (vor allem zweiflammig) kann man schon ein Gericht zubereiten. Spirituskocher sind mit Gaskochern vergleichbar.

Vorteile: einfache Installation, einfache Technik, geringere Brennerkosten, einfach zu verwenden, Spiritus gibt es fast überall zu kaufen.

Nachteile: Hitze ist nicht gut regulierbar, hohe Kosten bei laufendem Gebrauch, Geruch.

Spiritus ist im Prinzip vergällter Alkohol. Deshalb verdunstet er schnell und bildet dann ein explosives Gemisch mit Luft. Spiritus brennt mit einer blauen Flamme, die in hellem Sonnenschein kaum zu erkennen ist. Deshalb Vorsicht beim Befüllen von Spirituskochern!!!

Spiritusflaschen separat vom Kocher aufbewahren.

BENZIN, PETROLEUM UND DIESEL

Alle diese Brennstoffe haben einen hohen Energiegehalt, aber Petroleum und Diesel einen unangenehmen Geruch.

Es gibt Mehrbrennstoffbrenner, die sowohl Petroleum als auch Benzin verbrennen können. Die Technik ist vergleichsweise kompliziert und verlangt eine Menge Feinmechanik. Bei normalen Temperaturen verdunstet Petroleum jedoch nur langsam und gilt deshalb als sicherer Brennstoff. Vor allem auf Booten wird dieser Kochertyp gern eingesetzt.

Die Hitze ist gut zu regulieren. Und Petroleum ist in fast allen Ländern einfach zu beschaffen. Benzin ist auch fast überall verfügbar. Inwiefern Zusatzstoffe im normalen Autobenzin Auswirkungen auf das Kochgut haben, kann ich nicht beurteilen. Reines Benzin ist vergleichsweise teuer und schwer zu beschaffen.

Dieselkocher sind Exoten. Diesel ist bei normalen Temperaturen nicht entzündlich. Deshalb muss der Brennstoff vorgewärmt werden. Dieselkocher werden fast nur auf Hochseeyachten eingebaut, weil dort aus Platz- und Vorratsgründen meist nur ein Brennstoff verwendet werden soll, und das ist aufgrund des Bootsmotors eben Diesel.

GAS

Butan- oder Propangas haben einen hohen Brennwert. Das bedeutet, dass ein Liter Wasser viel schneller heiß wird als mit anderen Brennmaterialien. Man vermeidet Ruß und (bei sachgemäßem Gebrauch) unangenehme Gerüche.

Gas ist schwerer als Luft. Und Boote sind bekanntlich »nach unten« hermetisch geschlossen. Eine Gasinstallation an Bord muss deshalb unbedingt fachgerecht ausgeführt sein, sonst wäre ein Schiff eine schwimmende Bombe. Dies gilt fast genauso auch für Wohnmobile. Eine fest eingebaute Gasanlage muss alle zwei Jahre von einem Fachmann geprüft werden.

GASKARTUSCHEN

Auch außerhalb von Booten oder Wohnmobilen kann man Gas zum Kochen verwenden. Der französische Hersteller Campingaz bietet mit seinen blauen Gaskartuschen und den dazugehörigen Kochern eine große Auswahl an mobilen Kochstellen an. Natürlich gibt es auch von anderen Herstellern Kartuschen.

Ein kleiner Gaskocher ist auch eine Alternative für die Kanutour. Die Kartuschen gibt es in verschiedenen Größen und für jeden Einsatzzweck. Nachteilig ist nur der Preis. Der Preis pro Kilogramm Gas ist sehr hoch (ca. 10 € pro kg). Bei einem kurzen Ausflug spielt das keine Rolle. Bei einem längeren Urlaub ist es ärgerlich. Aber man spart sich die aufwendige Gasinstallation.

FLASCHENGAS

Dies ist sicher die beste Kochmöglichkeit in Wohnmobilen und auf Booten. Butan- und Propangas werden in Deutschland in roten oder grauen Stahlflaschen mit 5 und 11 kg Inhalt angeboten. Der Preis ist denkbar günstig (ca. 2 € pro kg). Allerdings kann man diese Stahlflaschen nur in Deutschland problemlos umtauschen. Jede fest installierte Gasanlage sollte von einem Fachmann überprüft werden. Bei Wohnwagen und Wohnmobilen fordert dies auch der TÜV oder eine andere technische Überwachung, sonst gibt es keine Plakette.

Auch bei Booten muss eine technische Überprüfung in regelmäßigen Abständen erfolgen.

Meistens sind zweiflammige Kocher im Einsatz. Der Kocher sollte über eine Zündsicherung verfügen, damit kein Gas austritt, wenn es nicht verbrannt wird.

DIE EUROPÄISCHE NORMUNG BEI GAS

Wohnmobil- und Bootsfahrer kennen das Problem. Wer ins Ausland reist, kann nicht darauf vertrauen, dass seine Gasflasche gefüllt oder ausgetauscht wird. In Europa sind in fast jedem Land andere Flaschen und andere

Anschlussventile gebräuchlich. Die graue deutsche Gasflasche ist schon in Frankreich oder Polen nur mit einem Adapter zu befüllen und nicht austauschbar. Folglich muss man sich eine landestypische Flasche kaufen. Und es ist ärgerlich: Die im Nachbarland gekaufte Gasflasche (so sie denn in die Halterung passt) ist in Deutschland nur noch Stahlschrott, und die Pfandgebühr ist futsch.

Die Möglichkeiten, Gasflaschen zu befüllen, sind beschränkt, und als Reisender wird man diese Gelegenheiten nicht immer nutzen können.

Deshalb: Vor der Reise immer eine gefüllte Gasflasche an Bord!

KOCHER

In Wohnmobilen und größeren Booten sind meist feste Kocher eingebaut. Hier sollte man auf eine fachgerechte Installation achten und das Prüfsiegel eines anerkannten Gasprüfbetriebs erwerben. Weiterhin ist eine Zündsicherung ein wichtiges Merkmal eines fest eingebauten Kochers.

GRILL

Natürlich kann man auf jedem Gaskocher auch grillen. Nachteilig ist dabei, dass das Fett den Grill verschmutzt.

BACKEN

Man kann unterwegs auch backen! Findige Leute haben einen »Backofen« entwickelt, der gut auf einem Gasherd funktioniert. Allerdings sollte man so unterwegs sein, dass die Gasflaschenversorgung gesichert ist. Der Omnia-Backofen braucht Zeit – und damit auch viel Brennstoff. Mit Gaskartuschen kommt man deshalb nicht ans Ziel.

TIPP FÜRS REINIGEN:
Kochgeschirr leidet durch Ruß und Rauch. Man sollte es nach jeder Anwendung gut säubern. Ein Lappen und etwas Sand mit einem Schuss Spülmittel vermischt helfen schnell, den Belag zu entfernen.

KALTE KÜCHE

Lebensmittel halten sich mit Kühlung länger, und wer hat schon etwas gegen ein kühles Bier oder eine eiskalte Limonade einzuwenden?

Wer Kälte erzeugen will, muss Technik einsetzen, somit sind die Möglichkeiten für Wanderer, Radler und Kanuten begrenzt. Und noch was zur Physik: Kälte und Wärme werden durch Flüssigkeiten besser übertragen als mit Luft. Wer also etwas schnell kühlen möchte, bringt den zu kühlenden Behälter in kaltes Wasser oder Eiswasser. Das wirkt schneller als der Gefrierschrank!

KÄLTE GANZ OHNE TECHNIK

Bei Wanderern und Radlern ist das Gewicht besonders entscheidend. Deshalb können weder Kühltechnik noch Eisblöcke oder gar Trockeneis mitgenommen werden.

▶ Die Wasserflasche mit einem feuchten Tuch umwickeln. Durch die Verdunstung entsteht ein bisschen Kälte. Hilft zwar nicht viel, aber ganz lauwarm ist es dann auch nicht mehr.

▶ Wenn man auf dem Wasser unterwegs ist, gestaltet sich die Kühlung etwas einfacher: Wasser ist meistens kälter als Luft. Was liegt also näher, als die zu kühlenden Lebensmittel / Getränke im Wasser hinter sich her zu ziehen. Dazu eignet sich am besten ein Netz, in dem Getränkebehälter aufbewahrt werden.

▶ An der Oberfläche ist das Wasser oft wärmer als in tieferen Schichten. Ab ca. 5 m Wassertiefe wird das Wasser am Grund erheblich kühler. Am Biwakplatz empfiehlt es sich also, die zu kühlenden Lebensmittel an einer tieferen Stelle im Wasser zu kühlen statt direkt im Uferbereich.

KÜHLBOX OHNE TECHNIK

Zu Beginn der warmen Jahreszeit kann man in jedem Baumarkt Kühlboxen kaufen. Dazu werden Kühlelemente verkauft, die eine Solelösung enthalten. Natürlich kann die Solelösung ein kleines bisschen mehr Kälte speichern als normales Eis, aber die Kühlelemente wiegen auch, sind nutzlos, wenn sie aufgetaut sind, und nehmen kostbaren Platz weg.

TIPP: Vor der Reise eine Wasserflasche (am besten Plastikflasche) ins Eisfach legen. So hat man ein trinkbares Kühlelement. Auf einem Zeltplatz kann man dann vielleicht eine andere Wasserflasche einfrieren.

KÜHLTECHNIK FÜR WOHNMOBIL- UND BOOTSFAHRER

Reisende mit Boot oder Wohnmobil verfügen meist über Strom in der Form von 12-V-Gleichstrom. Mit diesem Strom kann Kälte auf verschiedene Art erzeugt werden. Bei allen Kühlboxen gilt:

Kühlboxen können bei Dauergebrauch die Starterbatterie des Fahrzeugs entladen!!
Deshalb: Entweder eine Kühlbox wählen, die einen Batterieschutzmodus hat (die Batterie wird nur bis zu einem bestimmten Punkt entladen).
Oder eine separate Batterie verwenden (in Booten oder Wohnmobilen möglich).
Oder sich den Wecker stellen und die Kühlbox nach einer bestimmten Zeit abstellen.

ELEKTRISCHE KÜHLBOX

Diese Kühlboxen sind in einfachen Ausführungen meist recht preiswert, versprechen in der Beschreibung aber eine tolle Kühlleistung. In der Praxis funktioniert das meistens nicht so gut. Im Deckel dieser Kühlboxen sind sogenannte Peltierelemente eingebaut, die auf der einen Seite kühl und auf der anderen Seite warm sind. In der Praxis ist eine Temperaturdifferenz von etwa 15 °C zur Außentemperatur zu erreichen. Der Stromverbrauch ist hoch, das Gewicht gering, es gibt aber keine beweglichen Elemente, die kaputtgehen können.
Meist ist das Ergebnis trotzdem enttäuschend. Theoretisch kann eine solche Kühlbox bei einer Außentemperatur von 30 °C Getränke auf 15 °C herunterkühlen. Dieser Wert wird in der Praxis aber nie erreicht, da zum einen durch die Isolierung Kälteverluste auftreten und zum anderen bei jedem Öffnen der Kühlbox der Kühlprozess durch eintretende warme Luft wieder neu beginnt.
Die Kosten sind vergleichsweise gering (vielleicht 50-100 €). Das Fassungsvermögen liegt zwischen 20 und 40 Litern.

TIPP: Natürlich sollte eine solche Kühlbox im Schatten stehen und der Ventilator möglichst kühle Luft an die Peltierelemente bringen. Das Öffnen der Box auf ein Minimum beschränken.
Vor Reisebeginn schon gefrorene Lebensmittel in die Kühlbox packen. Dann hält die Kälte länger!

ELEKTRISCHE KOMPRESSOR-KÜHLBOX

Wie begeistert war ich, als ich meine erste Kompressor-Kühlbox ausprobiert habe! Damit kann man wirklich Eiswürfel machen! Auf der kleinsten Stufe bleibt die Butter hart, und das Bier ist angenehm kalt. Die Batterie wird nicht zu sehr in Mitleidenschaft gezogen. Das war damals für mich ein Quantensprung in puncto Komfort an Bord.

Dieser Komfort hat seinen Preis. Gute 400 € hat mich damals die Kühlbox mit einem Fassungsvermögen von 35 Litern gekostet. Der Preis ist heute ähnlich.

Eine Kompressor-Kühlbox ist nichts anderes als ein mobiler Kühlschrank im Miniaturformat. Der hohe Preis wird durch die gute Leistung ausgeglichen. Und genau wie beim Kühlschrank entsteht ein leises Geräusch, wenn sich der Kompressor einschaltet. Den einen oder anderen Schläfer könnte das stören.

ELEKTRISCHE ABSORBER-KÜHLBOX

Eine nicht so häufige Form der Kühlung funktioniert über das Absorberprinzip. Dadurch können zwar nicht so hohe Kühlleistungen erbracht werden, aber das Gerät funktioniert auch mit Gas. Kühlleistungen von 30 °C unter Außentemperatur sind möglich.

Damit könnte es das Gerät der Wahl werden, wenn man zum Beispiel seinen Wohnwagen längere Zeit an einem Ort ohne Stromanschluss nutzen will. Gas ist zum Kochen meist sowieso vorhanden, und wenn diese Energiequelle dann auch noch zum Kühlen verwendet werden kann, ist das ideal. Natürlich kann die Absorberbox auch mit 12-V-Gleichstrom oder 220-V-Netzstrom betrieben werden. Eine Absorber-Kühlbox ist für ca. 250 € erhältlich – und eine Absorber-Kühlbox ist nahezu lautlos!

TIPP: Absorbergeräte müssen für eine effiziente Kühlung genau aufrecht stehen. Damit ist ihr Einsatz z. B. auf Booten nicht recht sinnvoll. Beim Wohnmobil oder -wagen sind sie durchaus häufig anzutreffen. Eine Wasserwaage im Miniaturformat sollte bei Nutzung eines solchen Kühlgerätes an Bord sein.

FEST EINGEBAUTE KÜHLGERÄTE

Auf größeren Booten, in Wohnmobilen und in -wagen sind fest eingebaute Kühlgeräte im Einsatz. Hier werden sowohl Absorber- als auch Kompressorgeräte eingesetzt.

Entscheidender ist hier die Ausführung.

Standard sind kleine Kühlschränke mit einer Flügeltür, die sich seitlich öffnet; genau wie beim Kühlschrank zu Hause.

Blöd, wenn die Tür vor Antritt der Fahrt nicht richtig verriegelt wird. In der ersten Kurve ist der Kühlschrankinhalt im Innenraum verteilt ...

Besser geeignet sind Kühlgeräte mit Schubladen, ähnlich einem Gefrierschrank. Die kalte Luft »fällt« auch nicht so schnell aus dem Inneren heraus. Der Inhalt ist allerdings nicht so übersichtlich wie in einem Kühlschrank. Insbesondere auf Booten werden oft Kühlgeräte in Schubladenform oder gar Truhenform eingesetzt. Da kann auch bei stärkerem Seegang nichts passieren.

UND WAS GIBT ES NOCH?

Ganz einfach ist natürlich die Styroporbox, die mit Eiswürfeln von der Tankstelle befüllt wird. Klar, für das Campingwochenende in der Großraumlimousine reicht das aus. So bleiben die marinierten Steaks noch einen Tag haltbar. Nach zwei Tagen ist man vermutlich vom Tauwasser genervt, denn alle Lebensmittel schwimmen dann im Wasser.

Vielleicht hat auch jemand Bezugsmöglichkeiten für Trockeneis. Das ist verflüssigtes und dann gefrorenes Kohlendioxid und hat eine Temperatur von minus -78 °C. Trockeneis ist ziemlich teuer, hält lange und wird vor allem im medizinischen Bereich eingesetzt. In einer Styroporbox kann es gut ein paar Tage halten, und es gibt kein Schmelzwasser, weil das Kohlendioxid nach der Kälteabgabe verdunstet.

Aber: Vorsicht mit Trockeneis!!! Durch die extreme Kälte können bei direktem Kontakt mit der Haut Verletzungen entstehen. Trockeneis ist eigentlich nur etwas für Leute, die im Umgang damit geübt und vorsichtig sind.

Vorräte und Vorbereitung

ES GEHT LOS

Natürlich will man immer mehr mitnehmen, als Platz vorhanden ist. Aber es gehört zur Vorfreude auf die Reise, wenn man überlegt, was man alles mitnehmen will. Klar im Vorteil sind dabei die Reisenden, die mit einem fahrbaren oder schwimmenden Untersatz ausgerüstet sind. Im Folgenden die bewährte Einteilung:

 ### SYMBOL 1
(Wanderer, Radler)

Insgesamt stehen ja nur sehr wenig Stauraum und Gewicht zur Verfügung. Deshalb werden Abstriche an der Vollwerternährung unumgänglich sein.
Bei der Ausrüstung hatten wir schon die Frischhaltedosen erwähnt. In diese Dosen kommt
- Salz und Pfeffer (am besten in kleinen Tütchen)
- Curry, Gewürze, Essig
- Olivenöl
- Instant-Kaffee (gibt es auch in kleinen Tüten) oder Teebeutel mit dem Lieblingstee
- Würfelzucker oder Zucker in Tütchen
- Backpulver und / oder Hefe, etwas Vollkornmehl
- Wasser!!!

 ### SYMBOL 2
(Kanuten, Motorradfahrer, Camper)

wie und zusätzlich
- 1 Tube Senf
- 1 kleines Fläschchen Sojaöl

- 1 Knoblauchknolle
- 2 Zwiebeln
- Gemüsebrühe
- Pesto

SYMBOL 3
(Wohnmobil, Hausboot, Segelyacht)

Hier können schon einige Vorräte mitgenommen werden:
𝄞 und 𝄞𝄞 und zusätzlich

- Nasskonserven:
  - Kokosmilch
  - Oliven
- Trockenkonserven:
  - Brot
  - Reis
  - geschälte Hülsenfrüchte
  - Getreide
  - Nüsse und Saaten
  - Nudeln, Couscous, Bulgur, Hirse, Minutenpolenta, Quinoa

PLANEN IST WICHTIG

Es ist nicht verkehrt, sich schon vorab zu überlegen, was man kochen will. Supermärkte gibt es nicht allerorten, gerade in ländlichen Regionen bedarf es einiger Ortskenntnisse, um auch am Wochenende Läden zu finden, die geöffnet haben. Ein Speiseplan ist folglich durchaus sinnvoll. Nach dem »Studium« der Rezepte, weiß man schnell, was man unbedingt mitnehmen sollte.

REISEDAUER

Wir machen hier keine Unterscheidungen hinsichtlich der Reisedauer. Auf einer längeren Reise sollte das Equipment hochwertig sein, da zum Beispiel Geschirr, Besteck und Töpfe täglich genutzt werden.

Unterwegs –
Rezepte und Tipps

WASSER

Klar, im großen Wohnmobil wird Trinkwasser als 6er-Packung in PET-Flaschen gekauft. Platz und Gewicht spielen keine große Rolle. Und dank des heute in Deutschland recycelten PET (Polyethylenterephthalat) ist es sogar eine vergleichsweise umweltschonende Angelegenheit.

Was aber, wenn die letzte Wasserflasche leer ist? Und wie hält man Wasser in bordeigenen Tanks sauber? Tipps zum wichtigsten Lebensmittel sollen in diesem Buch nicht fehlen.

Auch wenn das Thema eigentlich unerschöpflich ist und ganze Bände füllen kann, wollen wir uns hier nur mit dem hygienischen Aspekt befassen, also der Besiedlung von Wasser durch Bakterien und Keime.

Leitungswasser ist das am besten überwachte Lebensmittel in Deutschland. Es wird in bakteriologisch optimaler Qualität geliefert. Dies gilt im Übrigen uneingeschränkt auch für Österreich, die Schweiz, die Niederlande und Frankreich. Der Chlorgehalt ist allerdings unterschiedlich und kann möglicherweise den Geschmack verändern. Chlor verflüchtigt sich beim Kochen jedoch weitgehend.

ZWEIFELHAFTE WASSERQUALITÄT

Was tun, wenn das Wasser von zweifelhafter Qualität ist? Im ersten Schritt versucht man, das Wasser mechanisch von Sand und Schwebeteilchen zu reinigen: Man gießt es durch ein sauberes, möglichst dicht gewebtes Tuch, ein Zellstofftuch oder einen Kaffeefilter. An allen meist organischen Schwebteilchen im Wasser befinden sich die unterschiedlichsten Bakterien. Selbst wenn diese abgetötet werden, verbleibt im Wasser die organische Substanz, die schnell wieder neue Bakterien anziehen kann.

Im zweiten Schritt folgt deshalb die thermische Entkeimung. Dabei wird das Wasser mindestens fünf Minuten gekocht. Damit sind alle Bakterien abgetötet. Danach das Wasser abgedeckt abkühlen lassen (sofern es nicht direkt zum Kochen verwendet wird). Weiterer Vorteil: Verbleibende Schwebeteilchen sammeln sich am Boden.

Für das Abkochen wird wertvolle Energie verbraucht, die unterwegs oft knapp ist. Alternativ gibt es die chemische Entkeimung. Bei Produkten auf der Basis von Silberionen steht die Konservierung des Trinkwassers im Vordergrund. Mit Silberionen werden nicht alle Bakterien abgetötet. Allerdings wird der Aufwuchs neuer Kulturen verhindert. Diese Mittel (z. B. Micropur oder Aquaclean) sind Mittel der Wahl, wenn Kanister oder Tanks mit sauberem Trinkwasser befüllt werden, die dann eine Weile die Trinkwasserversorgung sichern sollen.

Bei Produkten auf Chlorbasis werden alle Bakterien und auch viele Viren zuverlässig abgetötet (sofern die Dosierung stimmt). Leider hat Chlor einen unangenehmen Geschmack. Auch hier bieten die beiden wichtigsten Hersteller Micropur und Aquaclean Produkte in Tabletten- oder flüssiger Form an. Was tun, wenn man diese Mittel nicht hat? Die folgenden Tipps sind nur für Notfälle, weil sie die körperliche Unversehrtheit nicht garantieren können: Fließendes Gewässer nutzen!

- Auf möglichst wenig organisches Material im Wasser achten (mit sauberem Tuch filtern).
- Das Wasser längere Zeit ruhig stehen lassen (dann setzen sich Schwebeteilchen am Boden ab), anschließend ganz vorsichtig das Wasser abschöpfen.
- Wichtig: Im Wohnmobil oder auf dem Boot nutzt man am besten immer einen eigenen Schlauch zum Befüllen der Tanks, sonst fließt auch gutes Wasser durch einen alten Schlauch und kommt schon verkeimt im Tank an, wo sich die unerwünschten Bewohner dann prächtig vermehren.

GESUND SPEISEN AUF REISEN

Bis heute bin ich dankbar für jeden guten Tipp, was die schnelle und einfache Küche angeht, die lecker und vor allem auch gesund ist. Nicht, dass ich nicht auch mal eine Portion Pommes esse, und auch das pappige Toastbrot ist manchmal richtig lecker, z. B. zu einem deftigen Kürbissüppchen. Aber diese Ausnahmen sind keine regelmäßigen Lebensmittel auf dem Tisch. Auf

Reisen, vor allem mit viel Muskelkraft, sollte man unbedingt nahrhafte und energiereiche Speisen bevorzugen, um nicht von Hunger geplagt ständig eine Rast machen zu müssen. Auf der Suche nach Proviantideen und Zubereitungstechniken wurde ich in den Küchen aller Länder fündig.

Die meisten Traditionsküchen kennen den Festtagsschmaus, der als »regionale Kochkunst« in Form von Rezepten und Speisekarten den Mund wässrig macht. Aber alle Tage ist kein Sonntag, und Leute müssen arbeiten. Zum Glück gab es nicht immer Schnellgastronomie. Frühere Generationen, aber auch Länder, in denen kaum Fertigprodukte konsumiert werden, bieten einen Fundus an Ideen, wie man ohne Kühlschrank und mit einfachen Mitteln gut speisen kann. Und während noch viele Reisende aus Aluschalen essen und Tütensuppen erwärmen, geht der Trend deutlich zu natürlichen und selbst zubereiteten Mahlzeiten. Kein Wunder, wer sich drei Wochen am Stück aus Dosen, Tüten und Schalen ernährt, wird feststellen, dass die Kleidung zu eng wird. Es bedarf schon großer Kraftanstrengungen, wenn man nicht von den Fertigmahlzeiten an Gewicht zulegen will. Fazit: Fertiggerichte sind teuer und auf Dauer nicht gesund. Vor allem aber schmecken sie irgendwann nicht mehr.

Gesund speisen auf Reisen, war anfangs ein Experiment auf Fahrradtouren mit entsprechend bescheidenen Mitteln, später auf unterschiedlichen Kochstellen im Wohnmobil oder Zelt. Heute reisen wir mit einer kleinen Yacht und genießen den Luxus eines Zwei-Flammen-Gasherds. Groß verändert hat sich meine Küche nicht, mal abgesehen davon, dass wir bis heute auf einen Backofen verzichten, der Zuhause nach den Reisen dann wieder zu besonderen Ehren kommt.

Ausnahme: Seit Kurzem nutzen wir einen Omnia-Campingbackofen – dieser Topf ist aber kein vollwertiger Backofen – auch wenn man mit viel Gaseinsatz kleine Brote und Kuchen backen kann. Viele Gerichte dauern mindestens 20 Minuten und brauchen dabei ununterbrochene Energiezufuhr.

DER BACKTOPF »OMNIA«

Viele Reisende mit einem »Herd« an Bord haben diesen Topf inzwischen im Schrank, den »Campingbackofen Omnia«.

Eine Aluminiumform, ähnlich einer Gugelhupfform, wird auf eine Unterschale gestellt und das Ganze mit einem Deckel verschlossen. Gibt man

Wasser in die unterste Schale, hat man einen funktionierenden Dampfgarer. Gegart wird immer auf der niedrigsten Temperatur. Zum Backen muss die Form immer gut gefettet sein, denn in diesem Fall kommt kein Wasser in die untere Schale.

Ich habe ein paar Rezepte extra für diesen Topf kreiert. Grundsätzlich kann man darin sämtliche Aufläufe machen – also auch aus Resten vom Vortag schnell etwas zaubern. Entsprechende Hinweise findet man bei den jeweiligen Rezepten.

SCHONEND GAREN – ENERGIE SPAREN

Ein Nebeneffekt meiner mobilen Kocherfahrungen ist, dass ich mich der Niedrigtemperatur-Garmethode verschrieben habe, bei der nicht nur weniger Hitze zum Kochen gebraucht wird, sondern auch Vitamine und Vitalstoffe in den Lebensmitteln geschont werden. Wichtig ist ein gut verschließbarer Topf, den man einmal stark erhitzt und so das Gargut zum Kochen bringt. Anschließend wird die Temperatur abgestellt (Energie gespart), und der Topf sollte möglichst lange die Wärme speichern. Edelstahlkochgeschirr ist dafür geeigneter als Alutöpfe. Prima klappt auch das »Schichtkochen«, bei dem ein größerer Topf mit Deckel auf einen kleineren Topf gestapelt wird und der auf diese Weise wie ein Deckel wirkt. Die Hitze des unteren Topfs lässt die Speisen im darüberstehenden Topf »garen«.

Beim Reisen ohne feste Küche bewährt sich ein Trick, den unsere Großmütter alle kannten:

DER NACHGAR-TRICK

Man benötigt gutes Outdoor-Kochgeschirr (wir verwenden »Relags«), das ordentlich verschließbare Töpfe bietet. Kombiniert man einen »Pfannentopf« mit dem großen Kochtopf, hat man einen fest verschließbaren Topf, in dem unter Hitze im Topfinneren heißer Dampf entsteht, der nicht entweicht. Kartoffeln in Salzwasser kräftig aufkochen, ca. 5 Minuten sprudelnd kochen lassen. Den kochend heißen Topf mit den Kartoffeln im Kochwasser in

Zeitungspapier einwickeln und auf einem Brettchen in den Isolierschlafsack oder ins Daunenbett stellen. Bei Schlafsäcken auch auf den Deckel einen Hitzeschutz legen, da die Hitze möglicherweise die Außenhaut beschädigen könnte. Den Topf auf jeden Fall unter möglichst viel Bettzeug verstauen. Nach 20 Minuten sind die Kartoffeln gar. Und das Bett ist wunderbar vorgewärmt.

Funktioniert auch gut mit Reis, Hirse, Quinoa, Kürbis, Artischocken, Hülsenfrüchten und überhaupt allen gekochten Gerichten.

TIPP: Mit einer Kartoffel ist schnell und lecker eine vollwertige Hauptmahlzeit kreiert, z. B. mit Quark (und Leinöl), Ei, Hering oder einfach mit etwas Käse in der Pfanne überbacken.

AN WEN RICHTEN SICH DIE REZEPTTIPPS?

Bei Gerichten haben wir die mögliche Ausrüstung berücksichtigt und dabei die Dreier-Gliederung übernommen, die schon das Equipment symbolisiert.

EINFACH

Hier werden Wanderer, Radler und Kanuten angesprochen. Jedes Gramm der Ausrüstung und der mitgeführten Lebensmittel zählt, weil es mit Muskelkraft bewegt werden muss. In der Regel führen diese Outdoorfreunde auch keine besonderen Kocher mit sich. Für einen Hobo-Kocher ist aber immer Platz.

MITTEL

Hier sind Autourlauber mit Zelt, Reisende auf kleinen Kajütbooten und der typische VW-Bus-Camper angesprochen. Auf das Gewicht braucht nicht so genau geachtet zu werden, aber viel Platz ist weder im Zelt noch im kleinen Boot oder im Wohnmobil vorhanden. Aber die Kochstelle kann schon mehr, als nur ein Ei in der Pfanne braten.

KOMFORT

Hier geht es um das voll ausgestattete Wohnmobil, den Wohnwagen oder die Yacht mit einem Gaskocher an Bord. Auch einen funktionierenden Kühlschrank kann es hier geben. Damit sind viele Voraussetzungen für interessante Gerichte gegeben. Jetzt verstehen sich die Rezepte einschließlich

EINFACH + MITTEL = KOMFORT.

Da man immer auch die Möglichkeit hat, die Speisen am heimischen Herd vorzubereiten, kommen fast alle Rezepte für Urlauber aller Kategorien in Betracht.

MOBILER GRUND-KOCH-BAUKASTEN

Da es sich nicht um einen Ernährungsratgeber handelt, gesunde Ernährung aber im Vordergrund stehen soll, beschränken wir uns auf Kernaussagen:

- Fett, Kohlenhydrate und Eiweiß sind die Energiebausteine, die ein Körper braucht. Um möglichst viele essenzielle – also lebensnotwendige – Inhaltsstoffe mit der Nahrung aufzunehmen, nutzen wir möglichst naturbelassene Nahrungsmittel:
  - keine isolierten Salze, Zucker und Mehle,
  - kalt gepresste Öle und Butter.

KOCHSALZ ODER MEERSALZ?

Vor etwa 800 Millionen Jahren stieg das Leben auf der Erde aus dem Meer. Unser Blut transportiert bis heute eine ähnliche Mineralstoffzusammensetzung durch den Körper, wie sie im Urmeer zu finden war. Salz ist überlebenswichtig. Wir können es nicht selbst bilden, müssen es also zu uns nehmen. Aber welches Salz? Vereinfacht kann man sagen, dass das Salz der Urmeere heute als Steinsalz, Kristallsalz, Meersalz oder Fleur de Sel käuflich zu erwerben ist.

Kochsalz enthält von ursprünglich 84 Elementen nur noch zwei, nämlich Natrium und Chlorid (NaCl). Meersalz hat ungefähr einen Anteil von 95-97 % NaCl. Es genügt eine Blindverkostung, um festzustellen, dass Meersalz auffallend milder und vielseitiger schmeckt.

Selbstverständlich steht es jedem frei, anstelle von Meersalz Natriumchlorid zu nehmen oder Kristallzucker, Weißmehl und günstiges Sonnenblumenöl zu verwenden – immerhin sind diese Produkte besser als gar nichts.

GUT VERSTAUT

Auch wenn die Reisemethode das Gewicht bestimmt, muss die Vielfalt nicht unbedingt begrenzt sein. Ich befinde mich ständig auf der Suche nach passenden Behältnissen zum Transport meiner Lebensmittel und Gewürze. Praktisch und sicher kann man in verschließbare Kunststoffbehälter und wiederverschließbare Plastiktütchen abfüllen:

- Vollkornmehle, Getreidespezialitäten wie Bulgur oder Couscous
- Hirse, Graupen
- Reis und Nudeln
- kalt gepresstes Olivenöl
- ein kleines Fläschchen mit Essig
- Meersalz
- ein paar Pfefferkörner (die ich mit und auf einem Stein frisch zerstoße)
- meine geliebte, natürlich gebraute Sojasoße
- ein natürliches Süßungsmittel (z. B. etwas Honig, Rohrzucker, getrocknete Früchte)
- eine Zwiebel (in einer Kunststofftüte wegen des Geruchs): Angeschnittene Zwiebeln in der schützenden Schale lassen und die Schnittseite mit etwas Salz bestreuen, bevor die Zwiebel zurück in die Tüte gelegt wird.
- ein paar Zehen Knoblauch
- Hefe und Backpulver
- Lieblingsgewürze

TIPP FÜR WANDERER, RADFAHRER UND KANUTEN: Das ganze Equipment sollte in eine kleine verschließbare Frischhaltedose passen. Wenn irgend möglich, werden die Zutaten für ein Gericht frisch gekauft oder gesammelt. Durchquert man Regionen, die völlig fern jeglicher Zivilisation liegen, empfiehlt sich ein Speiseplan für die Tage in der Natur. Muskelkraft-Mobilisten nehmen dann nur so viel Proviant mit, wie benötigt wird.

MEERESGEMÜSE

Kombu, Hijiki oder Arame heißen Meeresalgen, die als Nahrungsmittel in Japan eine lange Tradition haben. In Tütchen habe ich immer welche dabei, weil ich davon überzeugt bin, dass mit regelmäßigem Konsum von Meeresgemüse der Jodhaushalt des menschlichen Körpers optimal versorgt wird. Diese Meeresgemüse gebe ich in geringen Mengen vor dem Kochen zu Getreide oder Reis in den Topf. Das unterstützt eine ausgewogene Ernährung, vor allem, wenn man längere Zeit weitab vom Meer ist und Seefisch nicht auf dem Speiseplan steht. Ein paar Rezepte schließen die Verwendung konkret mit ein. Man bekommt sie in Asiageschäften oder -abteilungen in fast allen europäischen Ländern. Die hier vorgestellten Rezepte können aber auch ohne Meeresgemüse gekocht werden, denn geschmacklich fallen die aufgeführten Algen in den angegeben Mengen kaum ins Gewicht. Es gibt allerdings auch Algensorten, die besonders gern in der Misosuppe gegessen werden, weil sie intensiv nach »Meer« schmecken. Wer solche hat und es mag, kann die Rezepte hiermit würzig aufpeppen und zugleich ausgewogen jodieren.

GEWÜRZE GEBEN DIE FEINE NOTE

Die Kunst, ein besonderes und ausgefallenes Gericht zu zaubern, liegt vor allem in der Kombination der Gewürze: Sie geben »den Ton« an. Durch Gewürze bekommen Speisen einen Rahmen, der deren Eigengeschmack besonders zur Geltung bringt. Wie bei Parfum sollte der Kochduft nicht übertünchen, sondern untermalen.

Zum Beispiel: Getreide- oder Reisgerichte bekommen durch Gewürze eine »Note«:

Orientalisch mundet es mit einer Mischung aus Kurkuma, Ingwer, Fenchel, Bockshornklee, Cumin und Chili.

Mediterran schmeckt es, wenn Oregano, Lorbeer, Thymian und Rosmarin die Richtung bestimmen.

Versuchen Sie es mit Pfefferminz- und Zitronenblättern im Kochwasser; Sie werden überrascht sein.

> **TIPP:** Fangen Sie einen Hauch Urlaub ein und nehmen Sie Duft-Erinnerungen mit nach Hause.
> Passen Sie sich kulinarisch ihrem Reiseziel an. Überlegen Sie, was Sie in Ihren kulinarischen Zauberkasten packen wollen und was zu Hause bleiben kann, weil es überall verfügbar ist. Oft braucht man keine Kräuter im Gepäck, weil sie überall wild wachsen.

Es gibt aber auch den umgekehrten Fall: Regionen, die kaum über Infrastruktur verfügen. Hier an Sojasoße oder exotische Gewürze zu kommen, ist fast unmöglich.

Am Mittelmeer wachsen viele »Küchenkräuter« in freier Natur. In Nord- oder Osteuropa wird es schwieriger. Da sollte man Lieblingsgewürze mitnehmen.

Hinweis: Düfte sind Trostspender, und Gewürze können, z. B. bei schlechtem Wetter, ganz schnell ein warmes Gefühl vermitteln.

AROMA UND DUFT

Manchmal ist es schwierig, frische Kräuter und Gewürze zu bekommen oder sie zu transportieren. Deren Duft kann man trotzdem mit in die große weite Welt nehmen. Hierzu bedarf es aber einer gewissen Vorbereitungszeit – wenigstens 5 Tage, besser zwei Wochen (gern länger).

KNOBLAUCHSALZ

Knoblauchzehen zerdrücken, bis die Haut platzt. Mit der Schale nebeneinander in ein verschließbares Glas legen (Marmeladenglas o. Ä.). Mit einer Schicht Salz vollständig bedecken, dann die nächste Lage Knoblauch einschichten und mit Salz bedecken. Den Vorgang wiederholen, bis alle Zehen im Glas sind. Die letzte Schicht sollte natürlich Salz sein. Das Glas gut verschließen. Eine Woche ruhen lassen. Fertig! Die Zehen bleiben bis zum Gebrauch im Glas. Sie können z. B. mitgekocht werden (Vorsicht: salzig!).

KRÄUTERSALZ

Frische Kräuter sehr fein hacken und auf Papier trocknen lassen. In einem Schraubglas mit Salz vermischt, sollten sie mindestens eine Woche Zeit haben, ihr Aroma an das Salz abzugeben.

UMAMI

Salzig schmecken auch würzige Soßen, die aber noch eine andere Geschmacksnote in sich tragen: Umami. In Europa kennt man seit Langem

»Maggi«. Der Schweizer Julius Maggi hatte in Asien Sojasoßen kennenge-lernt und entwickelte seine Würzsoße, indem er das Eiweiß von Soja und Weizen mit Salzsäure aufschloss und mit Natronlauge neutralisierte. Er gab noch etwas Geschmacksverstärker und Aroma hinzu - und fertig war ein Pro-dukt, das Geschichte machte. So ähnlich wird auch »asiatische« Sojasoße synthetisch hergestellt, der oft auch noch Zucker beigegeben wird.

NATÜRLICH GEBRAUTE SOJASOSSEN

Mit Wein oder Bier vergleichbar, sind Miso, Shoju und Tamari-Lebensmittel, die in Asien überaus beliebt sind. Dort gibt es zig Manufakturen, die auf deren Herstellung spezialisiert sind. Ursprünglich war Sojasoße ein »Neben-produkt«, das bei der Herstellung von Miso anfiel. Miso (Sojabohnen und verschiedene Getreide) ist eine Paste, die es in etlichen Qualitäten und Geschmacksnuancen gibt. Sojasoße ist die abgeschöpfte Flüssigkeit, die bei der Herstellung der Paste anfällt; sie wird anschließend weiterverarbeitet. Für Shoju werden gekochte Sojabohnen und gerösteter Weizen mit einem Pilz geimpft und anschließend nach Hausrezept vergoren - also gebraut. So entstehen enzymatische Lebensmittel - ähnlich wie Sauerkraut, Bier oder Kefir.
Heute kann man sich die asiatische Küche ohne diese Soßen nicht mehr vor-stellen. In der modernen multikulturellen Küche hat Sojasoße inzwischen auch einen festen Platz und fehlt in kaum einem guten Restaurant. Es lohnt sich, gute - natürlich gebraute - Soßen in der Küche zu verwenden!

KOCHEN IST »GAUMENMALEREI«

Wie komme ich bloß an die Zutaten, wird man sicher manchmal fragen. Ein Gericht ist im Wesentlichen eine Kreation, die kopiert werden kann. Man kann sie aber auch interpretieren, will heißen, anpassen. Beim Lesen der nachfol-genden Rezepte sollte man deshalb diesen Aspekt im Hinterkopf haben. Die Rezepte sollen Ideengeber sein, die man je nach Geschmack und vorhande-nen Mitteln variieren kann. Kochen ohne Küche ist eine großartige Möglich-keit, sich kreative Freiheiten zu nehmen und seine Mahlzeiten in der Natur zu genießen.

Rezeptteil

Hinweis
Wenn im Rezept nicht anders angegeben, gelten die Mengenangaben für zwei Personen.

BROTE UND FLADEN

STOCKBROT

Das wohl bekannteste Outdoor-Gericht ist neben der Folienkartoffel das Stockbrot. Man kann es über jeder Hitzequelle backen. So vielfältig wie die Stockbrotfans sind auch deren Brotideen. Im nachfolgenden Grundrezept wurde der Kristallzucker bewusst weggelassen. Wer möchte, kann sein Brot nach Geschmack süßen, am besten mit natürlichen Süßungsmitteln wie Agavendicksaft, Stevia oder Rohrohrzucker.

GRUNDREZEPT MIT HEFE (ergibt ca. 5 kleine Brote)

150 g Vollkornmehl
1 TL Meersalz
1/2 Päckchen Trockenhefe
ca. 100 ml Wasser
1 TL Olivenöl

Das Mehl in eine Schüssel geben, in die Mitte eine Kuhle drücken und die Hefe hineingeben. Mit etwas Wasser begießen und abgedeckt etwa 5 Minuten gehen lassen. Durchkneten und dabei immer etwas Wasser dazugeben. Wenn ein gut knetbarer, nicht klebender Teig entstanden ist, abdecken und eine weitere Viertelstunde gehen lassen. An einem warmen Platz geht der Teig besonders gut, z. B. wenn man ihn in die Nähe des Feuers stellt und mit einem feuchten (Zellstoff-)Tuch abdeckt.

Anschließend noch mal kräftig durchkneten, um den Teig geschmeidig zu machen. In gleich große Stücke teilen und zu Teigsträngen formen, die dann um die Stöcke gewickelt werden. Festdrücken – fertig. Wer Stockbrot vorbereiten möchte, sollte Frischhaltefolie um den Teig wickeln, damit er nicht austrocknet. Nicht zu lange aufbewahren, da die Hefe »arbeitet« und der Teig zu gären beginnt.

Variationen

Mit Gewürzen
- Cumin = orientalisch
- italienische oder französische Kräutermischungen
- Kümmel = zünftig
- Schwarzkümmel = türkisch

Frisch oder fruchtig
- Rosinen
- Zwiebelwürfel roh oder Röstzwiebeln
- Speckstückchen
- geraspelte Möhre
- geraspelter Apfel
- Olivenstückchen

GRUNDREZEPT OHNE HEFE

150 g Mehl
1 gestrichener TL Backpulver
½ TL Salz
1 EL Olivenöl
1 kleines Glas (ca. 0,15 l) Mineralwasser mit Kohlensäure

Alle Zutaten zu einem Teig vermengen, der sich gut formen lässt (ggf. etwas Wasser oder Mehl zugeben). Den Teig in einer Tüte ca. 30 Minuten ruhen lassen, in Portionen teilen und um möglichst grüne Stöcke wickeln.

KÄSEBROT

Käsereste so in den Teig drücken, dass sie vollständig umschlossen sind, weil der Käse sonst verbrennt, bevor das Brot gar ist.
Oder Käsescheibchen kurz vor dem Ende auf die Oberseite legen und auf dem Brot schmelzen lassen, während die Unterseite noch über der Glut röstet.

> **TIPP:** Wasser immer nur in kleinen Portionen zugeben und einkneten. Eine trockene Teigmasse lässt sich leichter verarbeiten und klebt nicht so an den Fingern. Wenn der Teig sich wie Knetmasse anfühlt, ist er fertig.

Die Teigstücke zu dünnen Strängen formen, die dann um den Stock gewickelt werden.
Für die Stöcke möglichst frische grüne Zweige von ungiftigen Sträuchern in Daumenstärke verwenden. Gut geeignet sind Haselnuss- oder Weidenzweige, die nicht stärker als daumendick sein sollten.
Eine kleinere Teigmenge backt einfacher und schneller. Man sollte warten, bis das Feuer heruntergebrannt ist, sonst verdirbt der Ascheanteil im Rauch den Geschmack des Brotes. Achtung: Die Glut ist heißer als eine offene Flamme! Mit dem Fingerknochen oder einem kleinen Ast gegen das Brot klopfen. Wenn es hohl klingt, ist das Stockbrot fertig. Meistens lässt es sich jetzt leicht vom Ast schieben.

TOPFBROT ÜBER FEUER BACKEN

Mit dem Hefeteig kann man aber auch »richtiges« Brot backen. Hierzu nimmt man den größten vorhandenen Topf mit einem etwas kleineren Deckel. 3-4 hühnereigroße Steine in den Topf legen und mit einem Schnapsglas Wasser begießen. Einen Fladen formen und auf die Steine legen. Den Deckel mit etwas Mehl bestäuben und direkt auf den Fladen legen. Der Teig muss vollständig abgedeckt sein und sollte nicht an den Seiten freiliegen. Den Topf in die Glut stellen. Nach ca. 20 Minuten den Klopftest machen.

PFANNENBROT INDISCHE ART

(für ca. 4 Brote)
125 g Weizenvollkornmehl
1 TL Backpulver
1/2 TL Meersalz
2 EL Joghurt
5 cl Wasser (mit Kohlensäure, falls vorhanden)
je 1 Prise Kreuzkümmel (Cumin), Kümmel, Koriandersamen
1 Knoblauchzehe
Olivenöl
Frischhaltefolie

Alle Gewürze in einer trockenen Pfanne kurz anrösten, bis sie duften, und dann mit der flachen Seite des Messers auf einem Stein oder Brett zerdrücken. Die Knoblauchzehe sehr fein hacken (ggf. vorher in einer Pfanne in der Schale anrösten – siehe »Dip-Tipp«-Rezepte, Seite 124). Das Mehl mit dem Backpulver, Salz und Joghurt verkneten und nach und nach Wasser zugeben, bis ein geschmeidiger Teig entstanden ist, der, in Folie gewickelt, mindestens eine Stunde ruhen muss. Anschließend das Knoblauchmus gründlich unterkneten. Den Teig in vier gleich große Stücke teilen und zu Kugeln formen. Die Portionen dünn auf der Folie platt drücken (gut geht das mit dem Faustrücken). Den Fladen mit Olivenöl bestreichen und einen Teil der Gewürzmischung kräftig in den Teig drücken. Eine Pfanne stark erhitzen (das geht auch auf Steinen über der Glut), mit Olivenöl ausstreichen und die Fladen nacheinander hineingeben. Von jeder Seite so lange backen (etwa 1 Minute), bis Blasen aufsteigen und sich braune Flecken bilden. Lecker schmeckt dazu ein Joghurtdip, z. B. mit Minze (siehe Rezept in Dip-Tipp).

VOLLKORNBROT IM EIERMANTEL

pro Person:
1 Scheibe Vollkornbrot (Sauerteigbrot aus dem Bioladen)
2 Eier
2 Pilze
¼ Zwiebel
etwas Brühe
nach Wahl 1 Scheibe Räucherlachs oder etwas Schinkenspeck
1 TL Olivenöl, 1 TL Butter

Pilze und Zwiebel sehr fein hacken und kurz in Olivenöl und Butter anschwitzen. Vollkornbrot in kleine Würfeln geschnitten dazugeben und kross backen. Soll Schinkenspeck verwendet werden, diesen fein würfeln und jetzt hinzugeben. Mit dem verquirlten Ei übergießen und alles rundum goldbraun backen. Falls Lachs verwenden werden soll, diesen dann jetzt hinzugeben. Alles mit frischem Grün (Lauch, Petersilie Koriander – oder Wildkräuter wie Löwenzahn oder Giersch – bestreuen und servieren. In 10 Minuten fertig!

ALTES BROT

Kein Brot ist hart. Wenn man halb getrocknete Brote rechtzeitig würfelt oder in Scheibchen geschnitten durchtrocknen lässt, hat man knusprige Croûtons für Suppen oder eine Basis zum Belegen für Snacks zwischendurch. Man kann es aber auch an Fische verfüttern und sich dabei vielleicht einen allzu gierigen angeln?

FRIKADELLEN UND BULETTEN

Wir können sie auch Köttbullar oder Fleischklopse nennen. Jedenfalls nimmt man einen Teil Brot und den gleichen Teil Hackfleisch, mischt Zwiebelwürfel,

Salz, Pfeffer und Ei darunter und brät oder grillt die »Frickos«. Anschließend können sie heiß oder kalt, mit Senf oder ohne verspeist werden.

> **TIPP:** Besser kein Körnerbrot verwenden, sonst hält der Teig nicht zusammen, und das Fleischbällchen bröselt.

FEINE CRÊPES

¹⁄₂ Tasse Weizenvollkornmehl
1 Ei
1 Prise Meersalz
1 Prise Zucker (oder Ahornsirup)
¹⁄₂ Tasse Sprudelwasser
1 Prise Backpulver
Fett für die Pfanne

Alle Zutaten mit der Gabel gut in einer Schale aufschlagen. Das Fett in einer beschichteten Pfanne zerlassen. Eine kleine Kelle Teig hineingeben und die Pfanne so schwenken, dass sich der Pfannkuchen dünn auf dem Pfannenboden verteilt. Ca. 1 bis 2 Minuten bei mäßiger Hitze backen. Der Fladen muss sich vom Pfannenboden lösen und frei gleiten, bevor wir ihn wenden. Dann von der anderen Seite goldbraun backen.

Die Crêpes werden süß oder herzhaft genossen: z.B. mit Ahornsirup und einem kleinen Schuss Zitronensaft, Apfelmus, Salami- und Käsestückchen oder als Beilage zu einer bunten Gemüsepfanne.

BUCHWEIZENPFANNKUCHEN

1 Tasse Buchweizenmehl
1 gestrichener TL Backpulver
2 Eier
0,2 l Mineralwasser mit Kohlensäure
0,1 l Crème fraîche (30 % Fettgehalt)
1 TL Agavendicksaft oder 1 EL brauner Zucker
Butter/Olivenöl zum Ausbacken

Die Zutaten für den Teig gut vermischen, ggf. noch etwas Mineralwasser zugeben. Der Teig sollte nicht zu dickflüssig sein. Eine beschichtete Pfanne erhitzen, und die Kochflamme herunterdrehen. Etwas Butter und Olivenöl in die Pfanne geben.

Beide nachfolgenden Pfannkuchenrezepte sind Varianten des Grundrezepts.

APFELPFANNKUCHEN

Einen sauren Apfel grob raspeln, mit Agavendicksaft beträufeln und 30 Minuten ziehen lassen. Erst die Apfelstückchen in die Pfanne geben, dann mit der Kelle etwas Teig dazugießen. Die Pfanne schwenken, damit sich der Teig gleichmäßig verteilt. So lange auf kleiner Flamme backen, bis sich der Pfannkuchen vom Pfannenboden löst. Wenden und von der anderen Seite goldbraun backen. Die gesüßten Apfelstückchen dürfen dabei ruhig ein wenig karamellisieren.

ZWIEBEL-KÄSE-PFANNKUCHEN

1 Schalotte
1 Knoblauchzehe
1 Stück harter Käse

Die Schalotte fein würfeln, die Knoblauchzehe sehr klein hacken und den Käse fein reiben. Alles gut vermischen. Den Pfannkuchenteig hauchdünn in der heißen Pfanne verteilen. Dann die Käsemischung darüberstreuen. Den Pfannkuchen backen, bis die untere Seite goldbraun ist. Dann wenden. Jetzt muss man aufpassen: Sobald der Pfannkuchen fertig gebacken ist, aus der Pfanne heben. Der Käse verbrennt sehr schnell. Warm und kalt ein Genuss!

BRATLINGE

Bratlinge brauchen grundsätzlich nur milde Hitze, sie können »getrocknet« werden. Je geringer die Hitzemöglichkeit, desto dünner muss der Teig sein. Ein Bratling wird nicht ständig gewendet. Man wartet, bis sich die untere Seite vom Pfannenboden löst und wendet dann. In Alupfannen klebt Gargut gern an. Dem kann man abhelfen, indem man den Bratling hin und wieder mit der Gabel von der Seite vorsichtig anhebt und etwas Olivenöl darunterträufelt.

GETREIDEBRATLINGE MIT FRISCHEM GEMÜSE

1 getrockneter Shiitake-Pilz
1 Msp. Hjiki-Algen (Bio- oder Asialaden)
1 kleine Möhre
1 kleine Zwiebel
40 g Vollkornmehl (nach Wahl)
1 Ei
½ TL Tomatenmark
½ TL körnige Brühe
1 Knoblauchzehe, mit dem Messer zerdrückt und ganz fein gehackt
1 EL Olivenöl

Shiitake-Pilz und Algen einweichen und anschließend fein hacken. Die Möhre in dünne Scheiben hobeln und die Zwiebel fein würfeln. Alle Zutaten gut vermengen und je nach Getreideart ggf. noch etwas Wasser hinzufügen, bis eine formbare Masse (wie weiche Knetmasse) entsteht; ca. 30 Minuten ruhen lassen. Dann tischtennisballgroße Bratlinge formen. Eine Pfanne mit dem Olivenöl erhitzen, und Bratlinge von beiden Seiten goldbraun backen. Bei milder Hitze gegart, werden Bratlinge ähnlich wie Brot, bei starker Hitze wie Frikadellen. Dazu reiche ich Tomaten-Frischkäse oder Korianderbutter (siehe Seite 127) als Dip.

AMARANTH-BRATLINGE MIT MÖHRE

Amaranth ist ein sogenanntes »Pseudogetreide« und gehört zur botanischen Familie der Fuchsschwanzgewächse. Der Eiweißgehalt ist hoch und dazu noch leicht verfügbar. Überhaupt triumphiert dieses winzige Körnchen, weil es mit allen lebenswichtigen Inhaltsstoffen bestückt ist. Wir verwenden das Popcorn. Amaranth-Popcorn bekommt man in Naturkostläden, Supermärkten oder Drogeriemärkten mit Reformhausangebot.

7 getrocknete Shiitake-Pilze
2 mittelgroße Möhren
1 mittelgroße Zwiebel
75 g Amaranth-Popcorn
55 g Weizenmehl (Vollkorn)
3 Eier
1 EL Tomatenmark
1 gestrichener EL körnige Brühe oder 1 TL Meersalz
2 Knoblauchzehen
1 Prise Weinstein-Backpulver (wenn vorhanden)

Die Shiitake-Pilze einweichen und anschließend klein schneiden. Die Möhren in feine Scheiben hobeln, die Zwiebel fein würfeln. Alle Zutaten gut vermengen und ca. 30 Minuten ruhen lassen. Eine Pfanne erhitzen und die Bratlinge in Olivenöl von beiden Seiten goldbraun backen. Zu Gemüsegerichten schmecken Joghurt- oder Tomatensoßen sehr lecker.

TIPP: Nicht verwendetes Amaranth-Popcorn wird ein leichtes und doch gehaltvolles Frühstück – z. B. mit Joghurt und Früchten.

COUSCOUS UND BULGUR

Couscous und Bulgur sind Getreidespezialitäten aus vorgegartem Hartweizenschrot. Das erklärt, warum die feinen und gröberen Körnchen so schnell tischfertig sind.
Häufig liest man, dass man Couscous zum Garen in einem festen Tuch über kochendem Wasser etwa 5 Minuten dämpft. Noch einfacher ist das nachfolgende Rezept, bei dem die Gemüsebeilage gleich mitgeliefert wird.

GEMÜSE-COUSCOUS

¼ kleine Zucchini
½ kleine Zwiebel
1 Knoblauchzehe

30 g Couscous
1 EL Petersilie

Zucchini in 1/2 cm große Würfel schneiden und die Zwiebel fein würfeln. Den Knoblauch fein hacken. Einen Esslöffel Olivenöl in der Pfanne erhitzen und das Gemüse bissfest anbraten. Mit so viel Wasser ablöschen, bis es ca. 1/2 cm über dem Bratgut steht. Einen Teelöffel körnige Brühe oder etwas Meersalz sowie ein Lorbeerblatt hinzufügen. Aufkochen lassen, bis es sprudelt, und das Couscous einrühren. Den Deckel auf den Topf setzen und die Hitze abstellen. 15 bis 20 Minuten ausquellen lassen. (Im Omnia mit Wasser dämpfen.) Die Petersilie unterheben.

> **WILDER TIPP:** Einen Teelöffel Giersch oder Löwenzahnblättchen in sehr feine Streifen schneiden. Oder – nach Lust und Region: Minze hinzugeben.

COUSCOUS-PFANNENAUFLAUF

Fertig gegartes Couscous oder Gemüse-Couscous lässt sich prima für den nächsten Tag in eine Hauptmahlzeit verwandeln. Man bewahrt es in einer Frischhaltedose (gekühlt oder bei kühlem Wetter 2–3 Tage) auf. Vor der Verwendung das Couscous in der Dose auflockern, falls sich Klümpchen gebildet haben.

200 g Rinderhack
6 Shiitake-Pilze
5 Eier
1/2 l Vollmilch
1 Prise Kräutersalz

Shiitake-Pilze einweichen und anschließend fein zerhacken. Das Rinderhack in einer Pfanne krümelig braten. Hitze reduzieren und das Couscous einrühren. Die Eier mit Milch und einer Prise Salz mit einer Gabel gut aufschlagen, bis es anfängt zu schäumen, dann gleichmäßig unter die Couscous-Mischung heben. Deckel auflegen und bei milder Hitze stocken lassen. Wer mag, kann den Auflauf vorsichtig wenden und kurz von der anderen Seite bräunen.

TABOULÉ

Taboulé kann als Vorspeise, Zwischenmahlzeit oder Beilage lauwarm oder kalt serviert werden. Als Hauptspeise schmeckt er gut zu gegrilltem Gemüse, frischem Fisch oder Fleisch.

pro Person:
1 Tasse Bulgur
1 Tasse glatte Petersilie
1 EL frische Minze
1 Tomate
1 kleine Land- oder Bauerngurke
1 Handvoll Rosinen
Zitronensaft
Olivenöl
Salz und Pfeffer

Den Bulgur mit Wasser bedecken, aufkochen und 20 Minuten ohne Hitze quellen lassen, bis das Wasser komplett aufgenommen wurde. Dann die glatte Petersilie und die Minzblättchen fein hacken. Die Tomate vierteln, die Kerne entfernen und das Fruchtfleisch fein würfeln. Die Gurke ebenfalls in feine Würfel schneiden. Zusammen mit einer Handvoll Rosinen alle Zutaten untermischen. Mit je einem Schuss Zitronensaft und Olivenöl verrühren und mit Meersalz und Pfeffer abschmecken. Köstlich dazu ist ein Joghurtdip (siehe Seite 124).

BULGUR-STEINPILZ-EINTOPF

1 kleine Tasse getrocknete Steinpilze
1 kleine Möhre
1 kleine rote Zwiebel
$1/2$ TL Brühe
ca. 1 Tasse Bulgur (grob)

Die Steinpilze mit zwei Tassen Wasser bedecken und ca. 10 Minuten einweichen. Möhre und Zwiebel fein würfeln. Das Gemüse mit der Brühe zu den

Pilzen ins Einweichwasser geben und aufkochen. Den Bulgur zufügen, bis er fingerbreit mit Flüssigkeit bedeckt ist. Umrühren, aufkochen, den Deckel aufsetzen und ohne Hitze ca. 15 Minuten quellen lassen. Dazu passt ein Bohnensalat (siehe Seite 86).

TIPP: Wir haben den geschlossenen Topf mit dem Bulgur auf den kleineren Topf mit Bohnen gesetzt und so die Kochhitze doppelt genutzt.

TIPP 2: Falls Reste bleiben, kann man für den folgenden Tag den Bulgur-Eintopf mit dem Bohnensalat mischen und mit einem Schuss Essig abschmecken. Dazu schmeckt Pastete oder grobe Leberwurst.

HIRSE IM WIRSINGBETT

1 Tasse Goldhirse
2 Tassen gehobelte Wirsingblätter
100 g Hackfleisch (halb/halb oder Rind)
1 Knoblauchzehe
1 Tasse Wasser
½ TL Brühe
½ Tasse Weißwein (halb trocken)
1 kleine Zwiebel
Salz und Pfeffer
1 Messerspitze Cumin (Kreuzkümmel) oder Kümmel, zerdrückt
1 EL Olivenöl
1 EL saure Sahne

Zwiebel mit Salz bestreuen und im Olivenöl glasig dünsten. Das Hackfleisch hinzufügen und krümelig anbraten. Die Hälfte des Kohls und Knoblauch hinzugeben und mitbraten, bis der Wirsing zusammenfällt. Mit Weißwein ablöschen, kurz weiterschmoren. Hirse und restlichen Kohl in den Topf geben, Wasser hinzufügen und ca. 10 Minuten bei geringer Hitze garen. Kreuzkümmel zugeben, mit Brühe und Pfeffer abschmecken. Noch einmal kurz aufkochen und ohne Hitze 15 Minuten mit geschlossenem Deckel quellen lassen. Vor dem Servieren saure Sahne untermischen.

TIPP: Aufgewärmt schmecken Reste sehr gut, wenn sie mit jungem, geriebenem Käse bestreut werden.

POLENTA

Polenta wird aus Mais gemacht. Unterwegs empfiehlt sich die Verwendung von Minuten-Polenta, die rasant schnell und energiesparend servierbereit ist.

MINUTEN-POLENTA MIT KRÄUTERN

für 2 Personen:
90 g Minuten-Polenta
2 Tassen Wasser
1 TL Salz oder körnige Brühe
1 EL Butter oder Olivenöl
1 Tasse geriebenen Hartkäse, z. B. Parmesan
2 EL Crème fraîche, Sahne oder saure Sahne
2 EL gehackte Mittelmeerkräuter wie Thymian, Basilikum, Rosmarin, Salbei oder kräftige Wildkräuter
1 Knoblauchzehe

Den Knoblauch fein hacken. Einen Topf mit Salzwasser zum Kochen bringen, den Knoblauch zufügen und unter kräftigem und schnellem Rühren die Polenta einrieseln lassen. Vorsicht: Die Masse dickt schnell an, muss aber richtig »blubbern«, um gar zu werden. Nach etwa 30 Sekunden den geriebenen Käse untermischen, Hitze abstellen, noch mal kräftig umrühren und den Deckel auflegen. Etwa 15 Minuten (bei gut abschließbaren Deckeln, sonst mehr) quellen lassen. Dann Crème fraîche, Butter (oder Olivenöl) und Kräuter dazugeben und unter ständigem Rühren noch einmal kurz aufkochen (Vorsicht: Die Masse brennt sehr schnell an!). Mit geschlossenem Deckel abermals 10 Minuten ruhen lassen.
Polenta passt hervorragend zu Salat, Grillgemüse oder Fleisch. Dazu noch ein Knoblauchjoghurt oder Zaziki, der das Gericht lecker abrundet.

Drückt man die Polenta-Masse fest zusammen und lässt sie erkalten, kann man sie in gleich große Stücke schneiden, die dann von beiden Seiten auf kleiner Flamme in Olivenöl goldbraun gebraten werden.

TIPP: Wenn man die doppelte Menge herstellt und die eine Hälfte in einer Frischhaltedose lagert, kann man innerhalb von zwei Tagen beide Varianten auftischen.

QUINOA MIT HACKFLEISCH UND GEMÜSE

Quinoa wird auch Inkareis oder Andenhirse genannt und wie Reis gekocht. Sie ist sehr nahrhaft und leicht bekömmlich. Man erhält sie im Bioregal.

150 g Hackfleisch
2 Lauchzwiebeln
1 kleine Kartoffel
1 Prise Meersalz
etwas Pfeffer
1 Knoblauchzehe
1 Stück Möhre
1 kleines Stück Ingwer
1 Tasse Quinoa
5 Minzblättchen
1 kleine Dose Mais

Die Lauchzwiebeln putzen und in feine Ringe schneiden, die Kartoffel fein würfeln. Das Hack zusammen mit dem Gemüse in einem Topf etwa 5 Minuten von allen Seiten anbraten. Mit Salz und Pfeffer würzen. Die Knoblauchzehe fein hacken, die Möhre in hauchdünne Scheiben schneiden, den Ingwer schälen und reiben und alles zur Hackmasse in die Pfanne geben und kurz mitbraten. Die Quinoa einrühren und eine Tasse Wasser dazugeben. Minzblättchen und den abgetropften Mais hinzufügen. Aufkochen, den Deckel schließen und 5 Minuten auf kleiner Flamme köcheln lassen. Dann in dicke Decken gewickelt 20 Minuten ausquellen lassen. Die Quinoakörnchen sollten weich sein, aber noch Biss haben. Mit Sojasoße und Schmand oder Kokosmilch abschmecken.

GRAUPEN IM GEMÜSEBETT

Graupen führten lange ein Schattendasein – vielleicht, weil sie früher oft grau und fad in der Suppe schwammen. Heute werden sie in guten Restaurants serviert. Das geschliffene und polierte Gerstenkorn ist etwa genauso schnell gar wie Reis und hat einen dezenten, leicht nussigen Geschmack. Es kann zu süßen und herzhaften Speisen verwendet werden.

1 Tasse Perlgraupen oder Rollgerste
Gemüsebrühe oder Salz
1 kleine Zwiebel
1 Knoblauchzehe
1 Möhre
1/2 Zucchini
1 getrocknete Tomate in Öl
1 TL Rosmarin-Thymian-Gemisch
1 Lorbeerblatt
1 EL geriebener Hartkäse (Parmesan)
1 EL geriebener Gouda
1 EL Sonnenblumenkerne

Graupen am besten über Nacht einweichen. Die Zwiebel fein würfeln, den Knoblauch hacken. Die Möhre in dünne Scheiben hobeln, die Zucchini würfeln und die Tomate in kleine Würfel schneiden. Die Graupen mit den Kräutern und der Brühe aufkochen, die Gemüsestückchen mit den Tomatenwürfeln zufügen und ca. 30 Minuten auf kleinster Flamme garen (oder 5 Minuten kochen lassen und dann mit Omas Nachgar-Tipp unter dem Federbett reifen lassen). Den geriebenen Gouda einrühren und ggf. noch einmal kurz erhitzen, bis der Käse geschmolzen ist. Sonnenblumenkerne in einer trockenen Pfanne anrösten, bis sie duften, und mit dem Parmesan über die Graupen-Gemüse-Mischung streuen.

NUDELN

Nudeln kaufen und kochen ist keine Kunst, zugegebenermaßen aber praktisch und schnell – insbesondere die frischen Nudelvariationen (vor allem in Italien erhältlich!), die besonders schnell gar sind. Und ein paar Soßenideen verhelfen auch Reisenden mit kleinem Gepäck zum feinen Geschmack der beliebten Teigwaren.

Nudeln selbst zu machen, ist nicht schwer, preisgünstig und schnell gemacht. Auch mit bescheidenem Werkzeug lassen sich feinste Kreationen herstellen. Der Teig ist geduldig und lässt sich vielfältig verarbeiten.

EIERNUDELN SELBST GEMACHT

300 g Mehl
2 Eier
1 TL Salz
1 EL Olivenöl
3 EL Wasser

Das Mehl in eine Schüssel geben und in die Mitte eine Mulde drücken, die beiden Eier und eine Prise Salz hineingeben. Mit der Hand alles zu einem Teig verkneten. Nach und nach drei EL Wasser und einen EL Öl zufügen. Nach Geschmack können Pilzpulver oder frische, fein gehackte Kräuter zugefügt werden. Es soll ein glatter Teig entstehen, der nicht klebt. Den Teig abdecken oder in eine Frischhaltedose oder Tüte geben und eine Stunde ruhen lassen. Dann dünn ausstreichen oder -rollen und mit dem Messer Nudeln schneiden. Alternativ kann man dünnere oder dickere Teigrollen formen und kleine »Nudeln« abschneiden oder den Teig mit Förmchen ausstechen. Der Teigrest wird so lange wieder ausgerollt, bis alles verarbeitet ist.

SOMEN MIT BUNTER GEMÜSESOSSE

1 Tasse buntes Gemüse (Paprika, Lauch, Möhre, Zucchini, Sellerie, Knoblauch)
1 TL Olivenöl

Salz, Pfeffer
Currypulver
$1/2$ Tasse Wasser
$1/2$ Strang asiatische Weizennudeln (fein!)
1 Schuss Kokosmilch oder Sahne
Sojasoße (hell)

Das Gemüse in kleine Würfel schneiden. Olivenöl in einem Topf erhitzen und die Gemüsestückchen rundum kurz andünsten. Mit Salz, Pfeffer und Currypulver würzen, mit einer halben Tasse Wasser ablöschen und 5 Minuten ohne Hitze ziehen lassen. Die Weizennudeln einrühren und kurz aufkochen. Kokosmilch oder Sahne hinzufügen und mit der hellen Sojasoße abschmecken.

REIS

Reis wächst auf fast jedem Kontinent und ist trocken gelagert jahrelang haltbar. Er muss nicht gewaschen werden, aber einweichen verkürzt den Garprozess. Das Einweichwasser muss abgegossen werden und der Reis gut abgetropft sein.

Wer keinen richtigen Campingkocher hat, kann den Reis unter ständigem Rühren über einem Feuer aufkochen und etwa 5 Minuten sprudelnd kochen lassen. Anschließend mit gut verschließbarem Deckel in Decken eingewickelt möglichst lange warm halten, bis der Reis fertig gegart ist.

Langkornreis in einen hohen Topf geben und die doppelte Menge an kaltem Wasser hinzufügen. Aufkochen und bei minimaler Hitze und mit geschlossenem Deckel garen, bis das Wasser vollständig aufgenommen ist. Mit der Gabel umrühren, kurz nachquellen lassen. Asiatischer Duftreis und Basmatireis werden nicht gesalzen.

Parboiled Reis wird wie Nudeln in kochendes Wasser geschüttet. Man muss aber aufpassen, dass er nicht anbrennt, und öfter umrühren.

Klebreis über Nacht einweichen, dann in einem hohen Topf 5 Minuten in Salzwasser kochen. Anschließend mit geschlossenem Deckel quellen lassen.

Öfter mal umrühren und ggf. erneut aufkochen. Vorsicht: Er brennt auf Campingkochern leicht an, wenn die Hitze zu hoch eingestellt ist.

Vollkornreis (einweichen, siehe oben) im hohen Topf mit etwas Öl »aufpoppen«, bis die Haut der Körnchen geplatzt ist. Etwa die doppelte Menge kaltes Wasser zugeben und gut umrühren, 1 TL Brühe oder Meersalz hinzufügen und 5 Minuten sprudelnd kochen lassen. Dann weitere 15 Minuten bei milder Hitze (oder 20 Minuten mit dem Nachgar-Trick) ausquellen lassen, bis das Wasser vollständig aufgenommen wurde.

> **TIPP:** Gekochte Reisreste können mit Gemüse und Fleischstückchen, Tofu oder Ei aufgebraten werden.

ERDNUSSCREME KÜSST GEMÜSEREIS

1 Tasse Reis
2 Tassen Wasser
1 Stück Möhre
1 Stück Paprika
1/2 Zwiebel
1 Stück Zucchini
1 Prise Salz
1 Prise Cumin (Kreuzkümmel)
Erdnusscreme

Die Möhre in feine Stifte schneiden, die Zwiebel würfeln. Paprika putzen und in schmale Streifen schneiden, die Zucchini würfeln. Alle Zutaten in einen Topf geben, aufkochen und 20 Minuten garen lassen. Würzen und 5 Minuten ziehen lassen. Erdnusscreme (siehe Dip-Tipp, Seite 128) anrühren und kurz vor dem Essen über den Gemüsereis geben.

Dazu schmeckt gegrilltes Lammkotelett.

TOMATENREIS MIT SCHAFSKÄSE

1 Tasse Reis
1 1/2 Tassen Wasser

1 Stück Möhre
1 Stück Paprika
1/2 Zwiebel
2 Knoblauchzehen
1 Stück Zucchini
1 Prise Salz
Thymian, Rosmarin und Lorbeerblatt
1/2 Tasse Weißwein, halbtrocken
1 TL Olivenöl
2 EL Tomatenmark
1/2 Tasse Petersilie
Schafskäse in Salzlake

Den Reis mit den Gewürzen in Salzwasser aufkochen und 10 Minuten garen lassen. Die Möhre in feine Stifte schneiden, Paprika und Zucchini putzen und würfeln. Den Knoblauch in dünne Scheiben schneiden, die Zwiebel fein würfeln. Das Gemüse und den Weißwein in den Topf geben, weitere 10 Minuten garen lassen. Tomatenmark, Petersilie und Olivenöl einrühren und den Tomatenreis noch einmal kurz aufkochen lassen, dabei kräftig rühren. Auf Teller verteilen und Schafskäse darüberbröseln.

HAND-BALL-SUSHI

Dies ist die traditionelle Sushi-Form, wie sie in japanischen Familien hergestellt wird. Die Sushi-Bällchen sind ganz leicht und ohne viel Aufwand herzustellen. Wichtig ist ein guter Klebreis.

Sushireis
540 ml Klebreis
700 ml Wasser

Reis im Wasser aufkochen und dann unbedingt mit geschlossenem Deckel 20 Minuten bei geringster Hitze weiterkochen (oder nach 5 Minuten Kochzeit in Zeitungspapier und Decken warm eingehüllt nachgaren – siehe Nachgar-Trick). Hitze abschalten und 10 Minuten ausquellen lassen. Den Deckel nicht lüften! Der Reis sollte noch bissfest sein, damit er später nicht zu viel Essig aufsaugt.

Essigmischung zum Säuern

Das Säuern von Reis ist ein wichtiges Mittel zur Konservierung. So ist Sushi dann auch ohne Kühlung 1-2 Tage haltbar.

5 EL Essig (5 % Säure), z. B. Apfelessig
3 EL Rohrzucker
1 1/2 TL Meersalz

Der Reis wird kreuzförmig durchgewalkt, um löffelweise die Essigmischung einzuarbeiten.

Zutaten für das Sushi

Fisch: Lachs, Forelle, Makrele, Lachsforelle, Saibling oder frischer Thunfisch in dünne Scheiben geschnitten. Auch gekochte Garnelen sind prima.
Omelette: Ei mit etwas Salz oder Sojasauce verquirlen, in einer Pfanne ganz dünn verteilen und bei niedriger Hitze stocken lassen.
Vegan: Avocado, Palmherzen oder Artischockenherzen in Streifen geschnitten.

Sushi wickeln

Man braucht zwei Hände und etwas Frischhaltefolie. Den Fisch auf die Folie legen, eine kleine Portion Reis daraufsetzen, fest einwickeln. Einen Moment festhalten. Fertig.

Eine Kugel Reis auf die Folie legen, das halbe Omelette über den Reis legen und vorsichtig um den Reisball wickeln. Folie schließen, fest zusammendrehen und alles mindestens 10 Minuten ruhen lassen, weil das etwas »gummiartige« Ei sich erst an den gepressten Reisball schmiegen muss.

Avocado-Sushi erst dann herstellen, wenn der Reis vollständig abgekühlt ist.

SUSHI IM ALGENMANTEL

Ein Noriblatt (gepresste Algen) in ca. 3 cm breite Streifen schneiden. Den Noristreifen um den Reisball drücken und ca. 2 Minuten fest umschlossen halten. Mindestens 10 Minuten ruhen lassen. Wenn das umwickelte Sushi-Bällchen dauerhaft mit dem Algenblatt verbunden ist, kann man auf jedes Türmchen einen Teelöffel Thunfisch-Füllung geben (siehe dazu den Dip-Tipp, Seite 129).

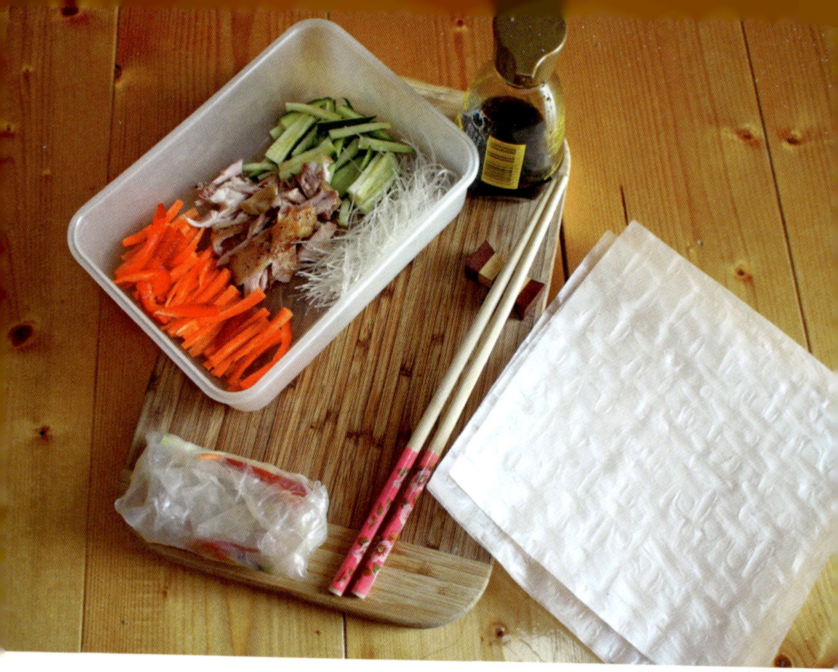

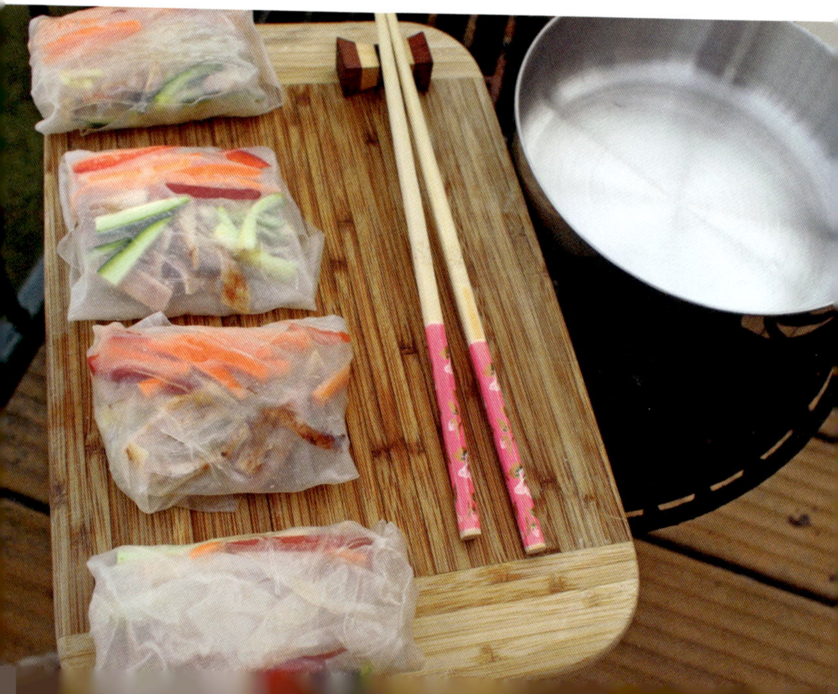

REISPAPIER

Reispapier kann man fertig kaufen. Die Reispapierplatte ein paar Sekunden in Wasser legen, bis sie weich – aber nicht zu weich – ist.

Wenn man es selbst herstellen möchte

Reismehl, Salz, Wasser zu einem Teig verkneten, der nicht klebt. Dann mit einer Flasche auf einer bemehlten Unterlage (ggf. Frischhaltefolie von beiden Seiten auflegen) dünn ausrollen. Wahrscheinlich gelingt das Ausrollen nicht so hauchdünn, dass es für eine Reispapierrolle reicht, dann verzichtet man auf das kreuzförmige Überlappen und formt Tütchen (wie Eishörnchen) zu Wraps.

Rollen wickeln

pro Person:
3 Reisnudelplatten
3 Salatblätter
Blättchen frischer Minze, Koriander (oder Petersilie)
Melisse
Füllung nach Wunsch

Salatblätter von harten Stängeln befreien. Herbe Sorten wie Lollo Rosso oder Endivie oder junge Löwenzahnblättchen sind besonders zu empfehlen. Kräuter in feine Streifen schneiden. Das Reispapier mit der Spitze nach oben auf eine bemehlte Arbeitsfläche (oder Folie) legen und den Salat in die Mitte platzieren. Kräuter auflegen und die vorbereitete Fleisch-, Fisch- oder Tofufüllung hinzufügen. Obere und untere Reisblattspitze über die Füllung ziehen, Spitzen aufeinanderkleben. Eine Seite an der Spitze über das Päckchen ziehen, unter das Salatblatt schieben und vorsichtig mit den Fingern die Rolle korrigieren. Die noch ausgebreitete Reisblattseite fest über das Ganze ziehen, Röllchen umdrehen und das Reispapier möglichst stramm ziehen, bis eine Rolle entsteht. Festdrücken. Röllchen auf die Naht legen, damit diese fest verkleben kann.

Am Anfang ist es einfacher, wenn man mit Frischhaltefolie arbeitet und diese zum Schluss um das Röllchen wickelt, damit das Reispapier in Ruhe zusammenkleben kann.

Braten

Fertige Rollen können in einer Pfanne von allen Seiten in etwas Öl gebraten werden, bis sie knusprig und braun sind – Frühlingsrollen. Zum Essen taucht man sie in süß-saure, minzige und sehr scharfe Dips oder in Sojasoße.

FÜLLUNGEN FÜR REISPAPIER

(Alle Füllungen sind in etwa 2 bis 5 Minuten fertig.)

Garnelen

6 rohe Garnelen (ohne Schale)
1 Lauchzwiebel, in lange, dünne Streifen zerteilt
1 kleine Möhre
ein paar getrocknete Glasnudeln
etwas Öl (zum Beispiel Sesamöl)
Salz und Pfeffer

Möhre und Lauchzwiebel in Stifte schneiden. Garnelen und Gemüsestifte in einer Pfanne in Öl anbraten, salzen und pfeffern. Glasnudeln in Wasser einweichen. Wenn sich die Garnelen rot färben und der Panzer leicht braun wird, Glasnudeln in die Pfanne geben und ein paar Sekunden mitbraten. Das Garnelenfleisch aus dem Panzer lösen. Eine Portion der Füllung warm auf die mit Salatblatt und Kräutern vorbereiteten Reisplatten geben und rollen.

Huhn

etwas Hühnerfleisch
Glasnudeln
1 Stück Gurke
1 Stück Rettich
1 zarte Frühlingszwiebel
1 eingeweichter (oder frischer) Shiitake-Pilz
Salz, Pfeffer, Sojasoße
frisches Korianderkraut
Öl zum Braten

Das Gemüse in feine Stifte, das Hühnerfleisch in kleine Würfel schneiden, salzen, pfeffern und anbraten. Shiitake-Pilz, Rettich- und Zwiebelstifte sowie die

Glasnudeln hinzufügen. Wenn das Fleisch durchgebraten ist, ein paar Tropfen Sojasoße und Korianderkraut dazugeben, dann die Hitze abschalten. Die Mischung auf die vorbereiteten Reispapierplatten geben, Gurkenstifte hinzufügen und Rollen wickeln. Mit Salat und feinen Gewürzen mischen.

Rindfleisch
1 Minutensteak (Rind)
1 haselnussgroßes Stück Ingwer
1 Stück Möhre
1 Stück Rettich
1 kleine Lauchzwiebel
1 kleine saure Gurke
Salz, Pfeffer, Sojasoße
Öl zum Braten

Das Fleisch in feine Streifen schneiden. Den Ingwer schälen und möglichst klein hacken oder reiben. Das Gemüse in feine Stifte schneiden. Den Ingwer in der Pfanne anbraten. Die Rindfleischstreifen und gleich danach das Gemüse hinzufügen. Mit Sojasoße, Salz und Pfeffer abschmecken.

Vegan
daumengroßes Stück Tofu (ca. 30 g)
1 Stück Möhre
1 kleine Frühlingszwiebel oder 5 Schnittlauchröhrchen
1 Knoblauchzehe
1 haselnussgroßes Stück Ingwer
1 Shiitake-Pilz
5 Cashewnüsse
Sojasauce, Pfeffer
Öl für die Pfanne

Tofu in dominogroße Würfel schneiden. Ingwer sehr fein hacken und im heißen Öl anrösten. Das Gemüse und die Pilzstücke hinzufügen, Tofuwürfel und Nüsse zugeben. Wenn die Cashewnüsse duften, Sojasoße anfügen und mit Salz und Pfeffer abschmecken. Hübsch auf Reispapier verteilen. Den Schnittlauch fein hacken und erst am Schluss über die Füllung streuen. Anschließend zu Rollen wickeln.

KARTOFFELN – DIE TOLLE KNOLLE

Selbst weit gereist, kam die Kartoffel aus Amerika in die Alte Welt und gehört heute zu den Favoriten der verarbeitenden Lebensmittelbranche, die aus den ganz unterschiedlichen Sorten Snacks und Hauptgerichte herstellt. Bei Reisenden sind diese Produkte sehr beliebt, weil sie schnell und einfach zubereitet sind. Problematisch für den Körper ist aber die Kombination aus Stärke und gehärteten Fetten. Die Bauchspeicheldrüse bekommt viel zu tun ... Hin und wieder sind Pommes, Kroketten, Chips und Tütenkartoffelhäppchen aber sicher nicht zu verachten.

Die Garzeit von Kartoffeln ist mit 20 Minuten sehr lang. Auf die Universalknolle verzichten wollen viele aber auch nicht. Deshalb verweisen wir auf den Nachgar-Trick und haben uns für die beiden nachfolgenden Kompromissvorschläge entschieden:

Kartoffeln im Glas

Vorgekochte Kartoffeln sind vergleichsweise teuer, dafür aber länger haltbar. Und sie brauchen nur ein paar Minuten (genaue Angaben auf dem Glas), bis sie gar sind. Der Nachteil: Damit sie nicht oxidieren, wird dem Kochwasser vom Hersteller meist Schwefel zugegeben (Vorsicht bei Allergien und Hyperaktivität). Alternativ gibt es im Naturkostregal ungeschwefelte Kartoffeln im Glas.

Knödelmasse

Kartoffelmasse aus rohen Kartoffeln zur Herstellung von Knödeln (Klößen) und Kartoffelpuffern (Reibekuchen) schmeckt inzwischen auch oft wie »hausgemacht«. (Auch dieser Masse werden meist Antioxidantien zugesetzt.)

KARTOFFEL-STEINPILZ-MUS

6 mittelgroße aromatische Kartoffeln (z. B. mit roter Schale oder Laura)
getrocknete Steinpilze
1 Messerspitze Salz
1 EL Butter

1 kleine Knoblauchzehe
Brühe und Pfeffer
etwas Milch oder Sahne
Petersilie

Die Kartoffeln schälen und vierteln. Die getrockneten Steinpilze fein hacken und mit der doppelten Menge Wasser in einer großen Tasse mindestens 10 Minuten einweichen lassen. Salzen und die Kartoffeln mit den Steinpilzen im Einweichwasser garen. Butter hinzugeben. Je nach Geschmack eine kleine Knoblauchzehe fein reiben und untermengen. Kartoffel-Steinpilz-Masse gut durchstampfen und dabei mit Brühe und Pfeffer abschmecken. Ist die Masse zu fest, mit etwas Milch oder Sahne die Konsistenz korrigieren. Die Petersilie fein hacken und drüberstreuen.

> **TIPP:** Auf das Kartoffel-Steinpilz-Mus ein Spiegelei legen.

KARTOFFELN IM LAGERFEUER

Kartoffeln in Alufolie wickeln und in die Glut legen, ab und zu wenden ... Als es noch keine Alufolie gab, wurden die Kartoffeln einfach so in die Glut gelegt und die harte, schwarze Kruste später abgepellt. Zu Feuerkartoffeln passt hervorragend der Knoblauchdip, da die Knoblauchzehen ebenfalls im Feuer gegart werden können (siehe Dip-Rezept, Seite 126).

> **TIPP: KARTOFFELCHIPS AM STÜCK**
> Ein Stück Schale auf der Unterseite der Kartoffel abschälen, sodass ein »Sockel« entsteht. Die obere Seite quer in feine Streifen schneiden – aber nicht durchschneiden. Mit Olivenöl und Meersalz einreiben, dann in die Folie geben, gut verschließen und ins Feuer legen, bis die Chips knusprig sind.

KARTOFFELVARIANTEN

KNÖDEL / KLÖSSE

1 kg Kartoffeln – es müssen unbedingt mehlig kochende Kartoffeln sein – wird geschält, fein gerieben und in einer Schüssel für ca. 10 Minuten beiseitegestellt, damit sich das Wasser aus den Kartoffeln absetzen kann. Die Kartoffelmasse in einem sauberen Baumwolltuch ausdrücken und kräftig auswringen (alternativ die überschüssige Flüssigkeit durch ein Zelltuch drücken). Ein Ei kann, muss aber nicht hinzugegeben werden. Mit Ei halten die Klößchen aber besser. Etwas Meersalz und, wer mag, eine fein geriebene Zwiebel unterrühren. Den Teig schnell zu kleinen Kugeln formen.
Salzwasser in einem Topf zum Kochen bringen und die Knödel ins sprudelnde Wasser geben. Die Temperatur herunterdrehen und die Klöße im offenen Topf am Siedepunkt garen lassen. Wenn die Klößchen an die Oberfläche steigen, sind sie fertig!

VARIANTE »HALB FERTIG«

Fertigen (Thüringer oder rohen) Kloßteig findet man in Kühlregalen. Die Masse wird zu Kugeln geformt, die in kochendem Salzwasser erst auf den Boden sinken und nach dem Auftauchen fertig sind.

> **TIPP FÜR UNTERWEGS:** Je kleiner die Knödel, desto weniger Energie braucht das Garen. Traubengroße Klößchen sind lecker und gelingen auch auf Hobo-Kochern .

REIBEKUCHEN

Rohen Kloßteig zu flachen Fladen drücken und in einer gefetteten Pfanne von beiden Seiten goldbraun backen.

BRATKARTOFFELN MIT HARTKÄSE

1 EL Olivenöl
1 Knoblauchzehe
Kartoffeln
1 Zweig Thymian hinzugeben
pro Person 1 EL Hartkäse, gerieben

Das Olivenöl in eine Pfanne geben und die Knoblauchzehe mit Schale kurz von allen Seiten anbraten. Die Knoblauchzehe bleibt in der Pfanne, wird aber öfter gewendet als die Kartoffelscheiben. Die Kartoffeln in hauchdünne Scheiben schneiden, in der Pfanne so lange von einer Seite backen, bis sie goldbraun sind und nicht mehr am Pfannenboden haften. Vorsichtig wenden. Kurz bevor die Kartoffeln fertig sind, Hartkäse über das Bratgut reiben. Die Knoblauchzehe aus der Pfanne nehmen und abkühlen lassen. Die Schale entfernen, mit der Gabel zerdrücken und das Mus mit den Bratkartoffeln vermengen.

> **TIPP:** Wer mit einfachen Garstellen unterwegs ist, sollte für Bratkartof-felvarianten vorgekochte Kartoffeln nehmen. Am besten man gart eine größere Menge mit dem Nachgar-Trick oder im Lagerfeuer. Gekochte Kartoffeln lassen sich ein, zwei Tage problemlos in einer Kunststoffdose lagern, wenn man sie mit etwas Olivenöl bedeckt.
> Für Bratkartoffeln die gekochten Kartoffeln pellen und in möglichst dünne Scheiben schneiden.

TORTILLA

2 große Kartoffeln
1 Zwiebel
1 Knoblauchzehe (optional)
etwas Meersalz und Pfeffer
4 Eier
Olivenöl

Kartoffeln in hauchdünne Scheiben schneiden, die Zwiebel fein würfeln, den Knoblauch hacken. Olivenöl in einer Pfanne auf mittlerer Temperatur erhitzen und die Kartoffelscheiben weich braten. Hitze herunterdrehen, Zwiebelwürfel und Knoblauch hinzugeben und einen Deckel aufsetzen. Die Kartoffeln goldbraun und leicht knusprig backen. Etwas abkühlen lassen.

Die Eier mit Salz und Pfeffer in einer Schüssel gut verschlagen und über die warmen Bratkartoffeln geben, gut vermengen. Die gesamte Masse erst auf der einen Seite goldbraun backen, dann die Tortilla mithilfe eines Tellers oder großen Brettchens wenden und auch die zweite Seite backen. Mit einem Messer oder einem Holzstäbchen prüfen, ob das Ei auch im Inneren gestockt ist. Fertig.

NOCKEN

2 große Kartoffeln
1/2 Tasse Hartweizengrieß (oder Couscous)
1 Tasse Mehl
1 Ei
1 Spritzer Zitronensaft (wenn vorhanden)

1 ordentliche Prise Salz
etwas Mehl
2 EL Spinat, blanchiert und fein gehackt

Kartoffeln schälen und kochen. Das Wasser hinterher nicht abgießen, weil wir es noch für die Gnocchi brauchen. Alle Zutaten gründlich zu einer geschmeidigen Kugel verkneten, teilen, zu einer »Schlange« ausrollen, 2-cm-Nocken mit einem Messer abstechen, mit etwas Mehl bestäuben und in kochendes (Kartoffel-)Wasser geben, Hitze abstellen – es darf nur sieden. Wenn die Nocken an die Oberfläche steigen, sind sie fertig.

Eine Folie oder etwas Mehl auf der Arbeitsfläche verhindert das Ankleben des Teigs.

> **TIPP:** Anschließend in leicht gebräunter Butter mit frischen Kräutern (z. B. Salbei oder Thymian/Rosmarin, Petersilie) schwenken. Etwas Parmesan oder anderen Hartkäse drüberraspeln. Mit einem Salbeiblättchen garnieren. Dazu trockener italienischer Rotwein ... hmm ...

SALBEIBUTTER

¼ Stück Butter (ca. 60 g)
3-4 Stiele Salbei
Pfeffer und Salz

Die Butter in einem Topf zerlassen und leicht bräunen. Salbeiblättchen abzupfen, grob hacken und zur Butter geben. Mit Salz und Pfeffer würzen, umrühren und erkalten lassen.

HÜLSENFRÜCHTCHEN

Getreide und Hülsenfrüchte sind eine gute Basis, um den Menschen mit lebenswichtigen Nährstoffen zu versorgen: nämlich mit Kohlenhydraten und Eiweiß. Deshalb gibt es in jeder Nation mindestens ein Gericht, das ein Korn oder Kartoffeln mit einer Hülsenfrucht kombiniert.

ROTE LINSEN MIT SPECK UND ZWIEBEL

1 Tasse rote Linsen
1 Lorbeerblatt
1 gestrichener EL körnige Brühe
1 Stückchen Butter oder 1 EL Olivenöl
1 kleine Zwiebel
1 Scheibe geräucherter Schinken

Die Linsen mit der doppelten Menge Wasser in einem Topf aufkochen, das Lorbeerblatt zufügen, mit geschlossenem Deckel ca. 5 Minuten auf kleinster Flamme köcheln lassen. Die Brühe einrühren, Butter oder Olivenöl hinzugeben, aufkochen und bei geschlossenem Topf weitere ca. 5 Minuten köcheln lassen. Topf vom Feuer nehmen, Deckel gut verschließen, in dicke Decken wickeln und Linsen ausquellen lassen. In der Zwischenzeit eine kleine Zwiebel würfeln und in etwas Öl glasig andünsten. Den geräucherten Schinken in feine Würfel schneiden und hinzugeben, knusprig braten. Die Linsen mit einer Gabel zu sehr feinem Mus zerdrücken und die Zwiebel-Schinken-Mischung unterheben.

Möglichkeiten zum Verfeinern

- 1 Scheibe Schmelzkäse (z. B. Chester)
- gehobelte Käsereste
- ein Löffelchen Frischkäse
- 1 Spritzer Zitronensaft, etwas abgeriebene Zitronenschale (unbehandelt!)

Wer nichts dergleichen zur Hand hat – kein Problem ... ein paar fein gehackte Wildkräuter überstreuen. Fertig!

ROTE LINSEN IN ERDNUSSMUS

250 g rote Linsen (1/2 Tüte)
1 mittelgroße Möhre
1 mehlig kochende Kartoffel
1 kleine Zwiebel
1 EL Olivenöl
1 Prise Meersalz
1/2 l kaltes Wasser
2 TL körnige Brühe
1 Orange
2 TL Schmand oder Sahne (oder Kokosmilch)
2 EL Erdnussbutter (fein)
1 Bund glatte Petersilie

Möhre und Kartoffel in kleine Würfel schneiden, die Zwiebel fein hacken. In einem Topf mit gut verschließbarem Deckel Olivenöl erhitzen und das Gemüse ca. 15 Minuten schmoren. Dabei die Hitze so einstellen, dass das Fett nicht zu heiß wird. Regelmäßig wenden und mit einer Prise Meersalz würzen. Mit Wasser ablöschen und die Linsen zugeben. Kurz aufkochen. Den Deckel schließen und die Temperatur klein stellen. 15 Minuten köcheln lassen. Brühe einrühren. Die Orange auspressen und den Saft zugeben. Noch einmal aufkochen und weitere 5 Minuten ohne Hitzezufuhr reifen lassen. Schmand und Erdnussbutter unterrühren. Kurz aufkochen, dann den Deckel wieder gut verschließen und 10 Minuten ohne Hitze ausquellen lassen. Petersilienblättchen von den Stielen zupfen, fein hacken und vor dem Servieren unterrühren.

WEISSE BOHNEN MIT MANGOLD UND SCHAFSKÄSE

Ausnahmsweise »Dosenfutter«: Bohnen und andere Hülsenfrüchte müssen einweichen und sehr lange kochen. Unterwegs ist das kaum machbar. Deshalb sind Dosen hier sinnvoll. Achten Sie bei der Zutatenliste darauf, dass nur Bohnen, Wasser und Salz in der Dose sind.

1 kleine Dose weiße Bohnen
1/2 Zwiebel
1 Stück Sellerie
1 kleine Möhre
1 Stück Petersilienwurzel
1 Stück Lauch oder Lauchzwiebel
2 Knoblauchzehen, mit dem Messer zerquetscht
Olivenöl
2 EL Tomatenmark
3 Blätter frischer Mangold oder 1 Strunk Pak Choi
Brühe
Pfeffer
ca. 100 g frischer Schafskäse

Das Gemüse fein würfeln und in einem hohen Kochtopf kurz in Olivenöl glasig schmoren. Die Bohnen abgießen und dazugeben. Tomatenmark einrühren und eine Minute mitschmoren.
Die Bohnendose halb mit Wasser füllen, aufgießen und 15 Minuten köcheln lassen. In der Zeit die Mangoldblätter von den Stielen zupfen, die Stiele in Streifen oder Würfel schneiden und in den Sud geben. Weitere 5 Minuten kochen lassen. Blätter in Stückchen reißen und zufügen.
Den Deckel des Topfs gut verschließen, Hitze abstellen und noch 5 Minuten ziehen lassen. Mit Brühe, frisch gemahlenem Pfeffer und ggf. noch etwas Tomatenmark abschmecken.
Auf Teller verteilen und über jeder Portion etwas frischen Schafskäse zerbröseln.
Dazu reiche ich duftig geröstetes Brot.

BERGLINSEN MIT GEMÜSE IN SAHNESOSSE

1 kleine Dose Berglinsen (oder andere Linsen, ungewürzt und gekocht)
Paprika, jeweils ein Stück rot / grün
1 große Möhre
1/2 kleine Zwiebel
1 Knoblauchzehe
1 Lorbeerblatt

1 TL Gemüsebrühe
Pfeffer
1 Spritzer Zitrone
1 Schuss Weißwein, halbtrocken
1 Schuss süße Sahne

Das Gemüse fein würfeln und mit dem Lorbeerblatt im Linsensud 5 Minuten kochen, ggf. etwas Wasser nachgießen. Mit Weißwein aufgießen, aufkochen und etwa 10 Minuten bei geschlossenem Deckel ohne Hitze ruhen lassen. Linsen hinzugeben, mit Brühe und Pfeffer abschmecken, alles noch einmal kurz aufkochen. Mit Zitronensaft beträufeln, kurz warten, dann Sahne gut unterrühren.

GRÜNE ERBSEN IN BÉCHAMELSOSSE

100 g Erbsen (frisch dauert die Zubereitung durch das Pulen länger, TK-Ware geht schnell)
1/4 rote Paprika
1 kleine Zwiebel
1 Stück Butter
1 EL Olivenöl
1/2 TL Meersalz
1 Knoblauchzehe
1/2 EL Weizen(vollkorn)-Mehl
100 ml Milch

Paprika in kleine Stücke schneiden, die Zwiebel fein würfeln und mit dem Salz im großen Campingtopf ca. 3 bis 4 Minuten unter Rühren anbraten. Die Knoblauchzehe fein hacken, zugeben und eine weitere Minute leise schmoren. Mit dem Mehl aufstreuen und eine halbe Minute mitschmoren, Milch dazugeben und unter ständigem Rühren kurz aufkochen. Eventuell die Konsistenz mit Flüssigkeit oder Mehl korrigieren. Hitze abstellen und bei geschlossenem Deckel noch 5 Minuten nachquellen lassen.

Vorschlag zum Würzen: je eine Msp. Kreuzkümmel und Kurkuma, ein Schuss helle Sojasoße (Shoyu). Fertig. Dazu Brot, Reis, Hirse, Quinoa o. Ä.

FLAGEOLET-BOHNEN IN STEINPILZSOSSE

1 EL getrocknete Steinpilze
1 kleine Zwiebel
1 kleine Möhre
1 Stück Paprika
etwas Salz und Pfeffer
1 Knoblauchzehe
1 Dose Flageolet-Bohnen
1 EL Sonnenblumenkerne
1 EL Olivenöl
3 EL Cancoillotte (eine Schmelzkäsespezialität aus Franche-Comté;
alternativ ein Kochkäse / Schmelzkäse »Natur«)
1 Msp. Currypulver

Die Steinpilze in einer Schale mit Wasser knapp bedecken und etwa 30 Minuten einweichen. Sonnenblumenkerne in einem Topf anrösten, bis sie duften.
Herausnehmen und beiseitestellen. Paprika, Möhre und Zwiebel würfeln und
in dem Topf mit Olivenöl anbraten, leicht salzen und pfeffern, bis das Gemüse

glasig ist. Steinpilze leicht abgießen und mit dem fein gehackten Knoblauch hinzugeben. Etwa 5 Minuten weitergaren. Die Bohnen mit Sud zufügen und kurz aufkochen. Schmelzkäse und Currypulver unterheben.

Dazu schmecken sehr gut ein Stückchen Rindfleisch (Charolais oder Galloway), ein Rinderhacksteak, gebratener Räuchertofu und geröstetes helles Brot.

BOHNENSALAT »PRINZESSIN«

2 Handvoll Prinzess- oder Buschbohnen
1 Schuss Essig
½ TL Salz
1 kleine rote Zwiebel
1 TL Agavendicksaft (oder brauner Zucker)
1 Schuss heller Balsamico
1 Msp. grober Senf
schwarzer Pfeffer
1 TL Olivenöl

Die Bohnen putzen und im Topf mit Wasser bedecken. Essig hinzufügen, aufkochen lassen und 5 Minuten auf kleiner Flamme köcheln (ohne Salz). 5 Minuten ohne Hitze nachgaren. In der Zwischenzeit die Zwiebel sehr fein hacken, Salz darüber geben und den Agavendicksaft hinzufügen. Balsamico mit Senf, schwarzem Pfeffer und Olivenöl verschlagen, mit der Zwiebel gut vermengen und abschmecken. Die heißen Bohnen abgießen und sofort zur Zwiebelmarinade geben. Abgedeckt mindestens 15 Minuten ziehen lassen. Umrühren und ggf. nachwürzen.

BOHNENGEMÜSE MIT TOMATE

2 Handvoll Prinzessbohnen
1 kleine rote Zwiebel
1 Stück Butter
1 Scheibe durchwachsener Speck

1 kleine, fleischige Tomate
1 Schuss halbtrockener Weißwein/oder Apfelcidre

Prinzessbohnen putzen, Zwiebel und Speck fein würfeln und in einem Topf in Butter andünsten. Die Tomate vierteln und zugeben. Beim Wenden die Tomate kräftig drücken und die Haut entfernen. Weißwein oder Apfelcidre angießen, aufkochen und 5 Minuten garen lassen.

GEMÜSE

ROTE BEETE IN JOGHURTCREME 🥄 - 🥄🥄🥄

Gekochte Rote Beete kann man in Bioqualität kaufen. Hat man frische Knollen, müssen diese vor dem Schälen in Salzwasser gekocht werden, damit sie im Kochwasser nicht »ausbluten«. Rote Beete können wie Kartoffeln in Alufolie auch im Feuer gegart werden.

500 g Rote Beete, gekocht
1 Knoblauchzehe
3 EL Naturjoghurt
1/2 kleine Zwiebel
1 EL Schnittlauch
1 kleine Tasse Bockshornkleekeime (bekommt man manchmal im Kühlregal, sonst weglassen und eine Prise Curry nehmen)
1 Prise Kreuzkümmel (Cumin)
2 EL Apfelessig und Saft einer Blutorange oder alternativ:
4 EL Himbeeressig
1 EL Kürbiskernöl (alternativ ein paar Kürbiskerne trocken rösten und Olivenöl zugeben)
Kräutersalz und Pfeffer

Knoblauchzehe und Zwiebel sehr fein hacken, in eine Schüssel geben und mit Kräutersalz und Pfeffer würzen. Das Kürbiskernöl dazugeben und ca. 20 Minuten ziehen lassen. Die Rote Beete in kleine Würfel schneiden und zufügen. Mit Joghurt, Essig, Orangensaft und Cumin vermischen. Zum Schluss den Schnittlauch fein hacken und mit dem Bockshornklee untermengen. (Kleine Menge für die Dekoration zur Seite legen.) Mindestens 30 Minuten ziehen lassen. Anrichten.

ROTE-BEETE-KARTOFFELSALAT

2 große Kartoffeln
2 Rote Beete
½ saurer Apfel
1 kleine Zwiebel
Kräutersalz (oder Salz), Thymian, oder etwas Cumin
1 kleiner Becher Naturjoghurt
1 EL Mayonnaise

Die Kartoffeln waschen, schälen und in Würfel schneiden, in Meersalzwasser 20 Minuten garen. Die Rote Beete fertig gegart würfeln, den Apfel klein schneiden. Die Zwiebel fein würfeln und mit dem Kräutersalz und dem Thymian (oder etwas Cumin) mit dem Naturjoghurt in einer Schüssel verrühren. Apfel und Rote Beete dazugeben und während der Kartoffelgarzeit durchziehen lassen. Die heißen Kartoffelstückchen darübergeben und mit der Mayonnaise verfeinern.
Sehr lecker schmeckt in diesem Rote-Beete-Kartoffel-Salat ein saurer Hering oder Matjes, der, filetiert und in kleine Stückchen geschnitten, vorsichtig untergehoben wird.

ZUCCHINI IM GELBEN JOGHURTBETT

1 kleine Zucchini
1 Becher Joghurt 3,5 % Fett
1-2 Knoblauchzehen, zerdrückt
1 TL Kurkuma (alternativ eine Prise Curry)

1 EL Olivenöl
Salz oder körnige Brühe
frische Wildkräuter oder Petersilie als Dekor

Zucchini in dünne Scheibchen schneiden, nicht salzen. Mit Olivenöl bestreichen und mit der Fischzange auf dem Grill oder über dem Feuer rösten. Oder Öl in einer Pfanne erhitzen und die Zucchini hellbraun backen. Joghurt mit dem Knoblauch und den Gewürzen gut vermischen und mit Brühe (oder Salz) abschmecken. Gebratene Zucchini auf den Joghurt legen und mit der Gabel leicht runterdrücken, sie sollten aber nicht ganz untertauchen. Mindestens 30 Minuten – gern länger – ziehen lassen.

ARTISCHOCKEN

1 Artischocke

Den Stiel (am besten über einer Kante) abbrechen (nur so lösen sich die harten, ungenießbaren Fasern vom Boden), Spitzen der Blütenknospe und harte äußere Blätter abschneiden (geht gut mit einer Schere). Die Schnittflächen sofort mit Zitronensaft beträufeln. In Salzwasser mit einem Schuss Weißwein oder Zitronensaft kochen. Kleine Artischocken brauchen ca. 20 Minuten, große bis zu 45 Minuten. Die Artischocke ist gar, wenn die äußeren Blättchen abfallen. Einfacher geht es, wenn man die Hitze immer wieder hochstellt und die Dämpfung dank Deckel optimiert. Energiearm gart es sich auch mit dem Nachgar-Trick. Ausprobieren – es funktioniert.

ARTISCHOCKEN-DIP

1 EL körniger Senf
1 EL Essig
1 Knoblauchzehe, zerdrückt
1 TL Tomatenmark
1 TL Olivenöl
... und wer möchte, einen TL Sauerrahm / Crème fraîche etc.

GEBRATENE PAPRIKASTREIFEN IN ROTWEINSOSSE

1 Schnapsglas Rotwein
1 TL Rohrzucker
1 TL Olivenöl
1 Prise Kräutersalz, Pfeffer
1 rote und 1 grüne Paprika

1 EL milder Essig (Balsamico rot)
Schafskäse Typ Feta
1 EL Sonnenblumenkerne

Den Zucker in Rotwein und Essig auflösen und mit Öl, Salz und Pfeffer mit einer Gabel verschlagen. Die Paprika waschen, halbieren, entkernen und auf einen Grill (über Feuer in der Fischzange) oder in eine Pfanne legen. So lange vorsichtig braten und immer wieder wenden, bis die Haut Blasen wirft. Abkühlen lassen, häuten, in Streifen schneiden und zur Rotwein-Essig-Mischung geben. Mindestens 1 Stunde ziehen lassen. Abschmecken, eventuell nachwürzen. Den Feta über den marinierten Paprika zerbröseln. Sonnenblumenkerne in einer trockenen Pfanne rösten und über dem Gericht verteilen.

ZUCKERMAIS

1 Maiskolben
1 Stückchen Butter
1 Prise Meersalz
1 Prise Pfeffer

Ohne Vorkochen
Maiskolben mit Blättern ca. 30 Minuten in Wasser einweichen. Die Blätter vom Maiskolben etwas abzupfen, aber nicht abreißen. Fäden gründlich abziehen. Kolben mit Butter bestreichen und die Blätter wieder zusammenschlagen, an der Spitze zusammenbinden. Hierfür kann man auch ein gezwirbeltes Maisblatt nehmen. Maiskolben etwa 20 Minuten unter häufigem Wenden auf einem Grill oder an einem Stock befestigt über der Glut garen. Weiche Butter salzen, pfeffern und gut durchkneten.

Vorkochen
Die Blätter vom Maiskolben entfernen und diesen in einem Topf ca. 20 Minuten vorkochen (10 Min. leise köcheln mit dem Nachgar-Trick!). Im Handel wird Zuckermais übrigens oft schon vorgekocht angeboten! Dann über dem Feuer noch mal 15 Minuten rösten.

AUSTERNPILZE IN BALSAMICO

Austernpilze
Olivenöl
Knoblauchzehe
Balsamicoessig
Rucola
Tomatenstückchen

Austernpilze mit einem Küchentuch reinigen (nicht waschen), so zerkleinern, dass alle etwa die gleiche Größe haben. Olivenöl in einer Pfanne erhitzen. Knoblauchzehe in Scheiben schneiden, kurz anbraten. Pilze mit der glatten Seite in die Pfanne geben, wenn sie leicht gebräunt sind, wenden. Mit Salz und Pfeffer bestreuen. Wenn die Lamellen hellbraun werden, mit Balsamicoessig beträufeln. Die Austernpilze noch einmal wenden und die Lamellenseite salzen und pfeffern. Abschmecken, abermals wenden und auf die Lamellen legen. Kurz durchziehen lassen und auf einem Bett aus Rucola und Tomatenstückchen anrichten. Dazu geröstetes Knoblauchbrot oder Bruschetta.

TOMATENHÄLFTEN MIT BLAUSCHIMMELKRONE

Tomaten waschen und halbieren. Mit einem Löffel aushöhlen und mit Blauschimmelkäse füllen. Mit der Füllung nach oben in Alufolie gewickelt etwa 10 Minuten über Glut grillen.

SPARGEL

Unterwegs sind die Töpfe klein, drum wird die Menge nach Topfgröße auf dem Markt gekauft und der Spargel auf Maß geschnitten.
Spargel in einen Topf mit Wasser geben, das mit je einer Prise Salz und Zucker sowie einem Schuss Obstessig (oder Zitronensaft) versehen wurde. Ca. 20 Minuten kochen (oder 10 Minuten köcheln und 15 Minuten nach dem Nachgar-Trick fertig garen lassen).
Spargelwasser nie weggießen, sondern zum Reiskochen oder für Suppe verwenden.

SPARGEL-MÖHREN IN ZITRONENSOSSE

1 große Möhre
1 Stück Butter
1 Msp. körnige Brühe
etwas Zitronenschale (unbehandelt)
1 Frühlingszwiebel
1 Schuss Weißwein (lieblich)
etwas Zitronensaft
2 EL Sahne
1 Scheibe gekochten Schinken
je 2-3 Stangen grüner oder weißer Spargel (gekocht)
1 EL Pinienkerne
1 EL Zitronenmelisse
Pfeffer aus der Mühle

Die Möhre in Streifen hobeln. Butter in einem Topf zerlassen, Möhrenstreifen
darin anschwitzen, die Brühe zufügen und kurz andünsten, etwas Zitronen-

schale (unbehandelt) drüberreiben. Frühlingszwiebel in feinen Röllchen schneiden und kurz mit in der Butter schwenken. Den Weißwein zugeben und mit etwas Zitronensaft beträufeln. Anschließend die Sahne einrühren. Den gekochten Schinken in sehr feine Würfel schneiden und zusammen mit dem gekochten und in Stücke geschnittenen Spargel zufügen. Mit Pfeffer und Brühe abschmecken. Die Pinienkerne kurz in einer Pfanne ohne Fett anrösten und mit der gehackten Zitronenmelisse über das Gericht streuen.

SAUERKRAUT MIT KASSELER

1 kleine Zwiebel
1 kleine Dose oder 1 Beutel mildes Sauerkraut
2 kleine Scheiben Kasseler
1 Lorbeerblatt
4 Wacholderbeeren
Salz und Pfeffer
1 Msp. Kümmel
Butter, Olivenöl
Senf, mittelscharf

Zwiebel fein würfeln und in Butter und Olivenöl in einem Topf glasig dünsten. Die Kasselerscheiben in Würfel schneiden und zu den Zwiebeln geben, rundum leicht bräunen lassen. Das Sauerkraut abgießen und etwas zerpflücken, zusammen mit den Gewürzen in den Topf geben, ab und zu umrühren und etwa 10 Minuten mitschmoren. Mit viel Senf schmeckt der Sauerkrauttopf zu Brot oder Kartoffeln.

KÜRBISSTAMPF

Hokkaido gibt es in grüner, grauer oder der bekannten orangefarbenen Schale. Man kann die Schale übrigens mitessen. Darum ist er auch für unterwegs gut geeignet.

1 kleiner Hokkaido
1 kleine Zwiebel

1 Stückchen Ingwer
1 Lorbeerblatt
1 Knoblauchzehe
1 Prise Meersalz
Wasser zum Kochen
Zitronensaft und etwas geriebene Zitronenschale (alternativ Orange)
Currypulver
Kokosmilch oder Sahne oder Schmand
etwas Butter und / oder Olivenöl

Den Kürbis waschen, halbieren, entkernen (Kerne kann man später salzen und in Alufolie rösten.) und in kleine Würfel schneiden. In etwas Fett von allen Seiten anbraten. Die Zwiebel würfeln, Ingwer und Zitronenschale reiben oder sehr fein würfeln und zum Hokkaido geben. Den Knoblauch fein hacken und zugeben. Salzen. Wenn die Kürbiswürfel glasig werden, so viel Wasser angießen, dass das Gemüse eben bedeckt ist. Das Lorbeerblatt zugeben und etwa 20 Minuten köcheln lassen (oder mit dem Nachgar-Trick). Wenn der Kürbis weich gekocht ist, das Lorbeerblatt entnehmen und das Gemüse zu Mus zerstampfen. Mit Currypulver, Zitronensaft und Kokosmilch abschmecken.

TIPP: Mit etwas gehacktem Giersch, Zitronenmelisse oder Petersilie bestreuen.

KÜRBISSPALTEN VOM GRILL

Das feste Fruchtfleisch des Hokkaido eignet sich auch sehr gut zum Braten oder Grillen. Alternativ kann man auch Butternut-Kürbis nehmen, der muss zwar geschält werden, hat aber weniger Kerne.

1 kleiner Kürbis
1 EL Olivenöl
1 Prise Salz
etwas Pfeffer
1 TL Mangochutney oder Orangenmarmelade (alternativ etwas Zucker)
1 paar Tropfen Zitronensaft

Den Kürbis schrubben, entkernen und in schmale Spalten schneiden. Mit einer Gabel alle übrigen Zutaten zu einer sämigen Paste verschlagen und die Kürbisspalten von beiden Seiten damit bestreichen. Wenn möglich, etwas einziehen lassen. Dann mit einer Fischzange über einem Feuer vorsichtig weich garen lassen – oft wenden, sonst wird die Marinade zu schnell braun. Oder: In etwas Olivenöl in einer Pfanne oder einer Grillschale braten. Schmeckt gut zu gegrilltem Fisch, Schafskäse und Tomaten-Löwenzahn-Salat.

AUBERGINE IN TOMATENSOSSE ♉ - ♉♉♉

1 mittelgroße Aubergine
1 Knoblauchzehe
Salz, Pfeffer
2 Zweige Rosmarin
2 kleine Lorbeerblätter
3 EL Tomatenmark
1 EL halbtrockener Weißwein
1 Tasse Olivenöl

Die Aubergine in feine Spalten schneiden. Die Knoblauchzehe fein reiben oder durch eine Presse drücken und zur Aubergine geben. Mit Salz und Pfeffer würzen und mit dem Olivenöl beträufeln. Rosmarin und Lorbeer zugeben. In einer Schüssel alles gut vermengen und mindestens eine Stunde ruhen lassen.

Im Omnia-Backofen gleichmäßig verteilen, ggf. etwas Olivenöl zugeben. Die Wände sollten gut gefettet sein. 30 Minuten bei mittlerer Hitze backen, bis die Auberginen gebräunt sind und angenehm duften. Das Tomatenmark mit dem Weißwein verrühren und unter die gebackenen Auberginen mischen. Alles noch mal 10 Minuten unter geschlossenem Deckel garen.

Alternativ und deutlich energiesparender – dafür optisch weniger ansprechend: Eingelegte Auberginenscheiben, je nach Pfannengröße in 2 bis 3 Portionen teilen und bei milder Hitze in der Pfanne ausbacken. Dann die Tomatenmark-Wein-Mischung zugeben und die Auberginenscheiben unter häufigem Wenden im Sud eindicken lassen.

SÜSSE RADIESCHCHEN IM GLAS

4 Radieschen
1 TL Olvienöl
1 Prise Meersalz
1 kleines Glas Weißwein (halbtrocken)
$1/2$ TL Brühe
1 EL Agavendicksaft
1 Spritzer Zitronensaft

Radieschen salzen und in Olivenöl und rundum anbraten. Mit Weißwein ablöschen, Brühe einrühren und kurz aufkochen. Den Deckel schließen und ca. 5 Minuten köcheln lassen. Agavendicksaft hinzugeben, nochmals aufkochen. Den Zitronensaft zugeben, gut vermengen und ca. 15 Minuten mit geschlossenem Deckel garen lassen. In kleinen Weingläsern servieren.

WILDES KOCHEN

Nicht überall auf der Welt werden so intensive Gewürznoten für die Speisen verwendet wie im Orient oder im südeuropäischen Raum. Dabei werden die Genussbringer der kühleren Regionen oft übersehen.

Sie wachsen bescheiden auf Wiesen und an Waldrändern: Die Wildkräuter. Sauerampfer, Gänseblümchen, Brennnessel und Löwenzahn haben markante Noten und sind bezaubernde Geschmackskünstler im Topf. In Holunder- und Zucchiniblüten steckt natürliche Süße, in Kapuzinerkresse eine freche Schärfe und Stiefmütterchen und Gänseblümchen sehen auch nicht nur hübsch aus, sondern schmecken auch gut.

Wie selbstverständlich träufeln wir Zitronensaft aus Italien in den Salat, aber an die grüne Birne, die einem Reisgericht in Kombination mit etwas Pfeffer ein wunderbares Aroma gibt, denken wir nicht. Die Hagebutte enthält mehr Vitamin C als jede Zitrusfrucht, und im Wald findet man auch im Norden und Osten Europas Esskastanien und vor allem Bucheckern, die kurz geröstet richtig lecker sind. Hat man noch etwas Pfefferminz und Zitronenmelisse aus einem Garten (natürlich nach Anfrage) im Gepäck, ist man als mobiler Koch gut aufgestellt.

Ach ja, fast hätte ich sie vergessen: die heimischen Pilze. Einfach in einer Papiertüte an den Rucksack oder an einen luftigen Platz gehängt, trocknen sie langsam und können ewig lange als herzhafte Zutat dienen.

> **TIPP:** Wildkräuter, -früchte und -gemüse in freier Natur, aber fern von stark befahrenen Straßen und offensichtlich chemisch behandelten Feldern sammeln.

BULGUR MIT ZUCCHINI UND GIERSCH IN TOMATENSOSSE

1 Tasse Bulgur
$^2/_3$ Tasse Wasser
1 TL Gemüsebrühe oder 1 Prise Salz
1 kleine Zucchini
2 Lauchzwiebeln (oder $^1/_2$ kleine Zwiebel)
1 Knoblauchzehe
1 EL Olivenöl
etwas Salz und Pfeffer
1 große Tasse Giersch
1 Dose geschälte Tomaten
1 Lorbeerblatt
1 Stück Schafskäse in Salzlake
$^1/_2$ Tasse Sonnenblumenkerne

Bulgur in Salzwasser oder Gemüsebrühe aufkochen und mit geschlossenem Deckel ausquellen lassen. Er sollte gar, aber bissfest sein. Zucchini in hauchdünne Scheiben, Lauchzwiebeln in feine Ringe schneiden, die Knoblauchzehe fein würfeln. Den Giersch von den Stielen befreien und grob hacken. Olivenöl in einer Pfanne erhitzen, Zucchini und Lauchzwiebeln zugeben und anbraten. Salzen und pfeffern, den Giersch zugeben, gut vermengen und etwa 2 Minuten braten. Die geschälten Tomaten im Saft mit einer Gabel zerdrücken und unter das Bratgut heben. Lorbeerblatt hinzugeben und 2 Minuten köcheln lassen. Bulgur unterheben und kurz aufkochen. Den Schafskäse mit der Hand über dem Gericht zerbröseln. Hitze abstellen und Deckel auf die Pfanne setzen. Sonnenblumenkerne in einer trockenen Pfanne vorsichtig rösten, bis sie duften, und über dem Gericht verteilen.

WILDKRÄUTERSUPPE MIT ZUCCHINIBLÜTEN IN KOKOSMILCH

(vier Vorsüppchen oder zwei Hauptspeisen)
Dieses Rezept entstand an einem Anlegesteg, hinter dem üppiges Wildkraut und eine große Zucchinipflanze wucherten. Kokosmilch und Sojasoße hab ich immer in der Kombüse - Curry in zig Varianten sowieso. Achtung: Kein Currypulver mit Zimtbeimengung nehmen, schmeckt nicht ...

1 Handvoll Giersch
3 Blatt Sauerampfer
3 Hagebutten
6 Blättchen Schafgarbe
6 Blättchen Löwenzahn
4 Blättchen Pfefferminze
1 sehr kleine Zwiebel
2 Knoblauchzehen
1 Stückchen Ingwer
4 Blüten von Zucchini oder Kürbis
(Kräuter können in veränderbaren Verhältnissen genommen werden)
etwas abgeriebene Zitronenschale
1 Stück Zucchini
½ Dose Kokosmilch (oder ein Stück Kokosblock, dann die Wassermenge anpassen)
1 EL Sojasoße
Currypulver ohne Zimtanteil
japanische Nudeln (Ramen oder Somen - nicht Udon, die kochen zu lange und werden zu dick), pro Person ein daumendickes Stück (gute 100 g) - je nach Hunger auch mehr.
pro Person eine kleine Tasse Wasser

Die Zwiebel fein würfeln, Knoblauchzehen hacken, Ingwer reiben (wer kann) oder sehr fein hacken. Die Hagebutten entkernen und das Fruchtfleisch würfeln. Die Wildkräuter hacken. Zwiebel- und Ingwerwürfel in einem hohen Topf glasig anbraten, Knoblauch und Hagebuttenstückchen zufügen. Wenn der Ingwer gerieben wurde, erst jetzt zugeben. Mit etwas Wasser ablöschen. Die Zucchini in Julienne-Streifen schneiden, die Blüten vierteln. Die geriebene Zitronenschale, Zucchinistreifen und -blüten einrühren und 3 Minuten köcheln lassen. Kokosmilch, Curry und Sojasoße einrühren. Gehackte Wildkräutermischung unterheben. Nudeln durchbrechen, in den Topf geben und gut umrühren, kurz aufkochen und mit geschlossenem Deckel etwa 3 bis 5 Minuten ziehen lassen.

> **TIPP:** Mit ein paar frischen Kräuterblättchen oder Gänseblümchen, Blütenblättern von Ringelblume und wilden Stiefmütterchen dekorieren.

HOPFENTRIEBE IN KOCHSCHINKEN

Im Frühjahr treibt der Hopfen aus. Nur bis dieser »spargellang« ist, kann man ihn verwenden. Später wird er faserig und zäh.

20 cm lange Hopfentriebe
etwas Zucker
1 Schuss Essig
Kochschinken
Mayonnaise oder Meerrettich

Hopfentriebe frisch ernten, kurz in Salzwasser mit etwas Zucker und einem kleinen Schuss Essig blanchieren. Jeweils 6 bis 8 Triebe auf ein hauchdünnes Stück Kochschinken legen, das mit etwas Mayonnaise oder Meerrettich bestrichen wurde.
Dazu schmecken: hart gekochte Eier mit Fischrogen oder junge Kartoffeln mit gesalzener Butter.

MARONEN UND BUCHECKERN

Man findet sie im Herbst unter Bäumen oder auf Wochenmärkten.
Die Schale muss unbedingt am flachen Ende kreuzweise eingeschnitten

werden (Explosionsgefahr!). Über der heißen Glut in eine Aluschale oder durchlöcherte Alufolie legen, regelmäßig wenden und ab und zu mit Wasser bespritzen. Nach etwa 20 Minuten sind sie gar. Pellen, die bittere Haut entfernen und einfach essen oder mit Kräuter-/Zitronenbutter genießen.

HOLUNDERBLÜTEN IM TEIGMANTEL

Was liegt näher, als nach einem Spaziergang im Frühjahr den leckeren Holunderblüten einen Ehrenplatz auf dem Teller zu überlassen?

Pro Person 2 Holunderdolden. (Nur mit einem Küchentuch von Staub usw. befreien. Auf die Blüten achten. Sie enthalten den einzigartigen Nektar.)
1 Ei
1 TL Mehl (kann auch weggelassen werden)
1 Prise Salz
1 EL Milch
1 Prise Weinsteinbackpulver (wer hat)
1 Schuss Olivenöl

Ei, Milch, Salz, eventuell Mehl und Backpulver mit der Gabel schaumig rühren. Das Öl in einer Pfanne erhitzen. Die Holunderblüten am Stängel in den Teig tauchen und im heißen Öl und rundum ausbacken. Einzigartig!

ZUCCHINIBLÜTEN GEBACKEN

Man knipst die Staubgefäße und den Stempel mit den Fingernägeln oder einem Messer aus dem Kelch und kann die Zucchiniblüten dann einfach in etwas Olivenöl bei niedriger Hitze kurz braten.
Besonders gut schmecken sie gefüllt, z.B. mit Kräuterfrischkäse, gehackten Pilzen, Zwiebeln und Knoblauch, gesalzenem und gepfeffertem Hackfleisch oder Sardellenfilet und Mozzarella.
Zusätzlich kann man Zucchiniblüten mit einem Teig ummanteln:
für eine süße Note: Weißwein, Salz, Mehl, Ei und etwas Olivenöl verrühren,
für eine süß-herbe Note: Bier, Salz, Mehl, Ei und ein paar Tropfen Olivenöl nehmen.

Falls zur Hand, eine Prise Backpulver zugeben, der Teigmantel wird dann luftiger.

Zucchiniblüten in etwas Öl von allen Seiten backen, bis der Teig hellbraun und fest ist.

SALBEIBLÄTTER IM BIERTEIG

Bier, Salz, Mehl, Ei und ein paar Tropfen Olivenöl mit zu einem glatten Teig verrühren. Salbeiblätter eintunken, ausbacken – fertig! Ein toller Snack, den man warm oder kalt essen kann.

> **TIPP:** Sardellenfilet oder sehr dünne Fleischstückchen mit Salbei umwickeln und dann in den Teig geben und kurz braten.

FRISCH AUS DEM MEER

»PASSE-PIERRE«

Queller heißt in Frankreich »Passe-Pierre«. In Deutschland wird er auch »Friesenkraut« oder »Meeresspargel« genannt. Er wächst vor den Küsten im Salzwasser oder Watt. Man kann Queller in den Sommermonaten selber sammeln oder ihn günstig beim Fischhändler kaufen.

Roh naschen

Knackig mit einer Prise Meer schmeckt Queller roh. Wer selbst erntet, zupft bei Ebbe die oberen, weichen, leuchtend grünen Stängelspitzen.

Blanchiert als Salat

In einem Sieb über einem Topf mit Wasser kann man Queller blanchieren. Er kann von unterschiedlicher Konsistenz sein, darum nach 5 Minuten kosten und ggf. weitere 5 Minuten über Wasserdampf garen. Den warmen Queller

anschließend mit etwas Essig oder Zitronensaft, einer Prise Rohrzucker und Olivenöl marinieren. NICHT SALZEN.

FISCH GRILLEN

Selbst geangelt ist natürlich immer frisch. Beim Fischkauf sollte man auf glänzende Augen und rosa Kiemen achten.

Auf dem Grill verbrennt zarter Fisch sehr schnell, auch wenn man mit nur wenig Hitze arbeitet. Die Haut klebt leicht am Rost fest, sodass der Fisch beim Wenden zerfällt. Nur sehr fetter Fisch wie Makrele, Hering, Lachs, Thunfisch oder Forelle kann vorsichtig und mit Abstand zur Hitze auf dem Rost gegrillt werden. Ein übergestülpter Topf oder großer Deckel ist hilfreich, weil der Fisch unter »Umluft« schneller gar wird.

Fisch von beiden Seiten salzen, pfeffern und am besten mit Kräutern und Gewürzen füllen.

Eine Fischzange verhindert, dass der Fisch beim Wenden zerfällt.

Wenn man Alufolie durchlöchert und dann den Fisch damit umwickelt, wird das Fleisch sehr zart, allerdings fehlt der typische Grillgeschmack.

In jedem Fall müssen Zange, Folie und Rost vor dem Grillen eingeölt werden.

Füllungen für Fisch:

- Zwiebel, Melisse, Thymian fein zerhacken, ein Spritzer Zitrone, Meersalz und Pfeffer
- Tomatenstückchen, Zwiebel, Knoblauch, Rosmarin
- Lorbeerblatt, Wacholderbeeren (zerstoßen), Pfeffer zermahlen, Zitronenmelisse, ein Spritzer Weißwein
- Chilischote auskratzen, mit zerdrücktem Knoblauch, Zitronenmelisse, 1 Prise Curry, einem Spritzer Weißwein und Salz vermischen. $\frac{1}{2}$ Scheibe Weißbrot oder Toast kurz wässern, ausdrücken und mit den Gewürzen verkneten
- Giersch, Sauerampfer, wilder Schnittlauch, junge Löwenzahn- und Brennnesselblätter, Bärlauch (oder Knoblauch), Salz und Pfeffer

MIESMUSCHELN

Vor dem Kochen: Zweimal gründlich wässern und abbürsten, damit Sand und Dreck ausgespült werden. Mit einem scharfen Messer den »Bart« entfernen. Geöffnete und beschädigte Muscheln aussortieren! Ebenso Muscheln, die nach dem Kochvorgang noch geschlossen sind: wegwerfen.

Muscheln zu kochen, ist keine Kunst. Man wirft sie in kochendes Salzwasser und wartet, bis sie sich nach ein paar Minuten öffnen. Delikat werden Muscheln durch die Soßen. Ein paar Anregungen sollen hier nicht fehlen. Neben Gemüse ist die Säure ein wichtiger Bestandteil, die in der Regel durch trockenen Wein erzielt wird. Sehr lecker ist anstelle von Wein auch Apfelcidre.

Rheinisch

Zwiebel, Lauch, Sellerie, Möhren – neuerdings auch Knoblauch – klein schneiden und in etwas Butter andünsten. Dann mit $1/2$ l Wasser, einer Prise Salz, 2 Lorbeerblättern und viel Pfeffer aufkochen. Ist das Gemüse bissfest, reichlich Weißwein (Riesling) aufgießen. Sobald die Brühe kocht, gibt man die Muscheln hinein (alle Muscheln müssen bedeckt sein!) und wartet, dass sie sich öffnen. Dazu gibt es Schwarzbrot mit Butter.

Muscheln mediterran

1 kg Miesmuscheln
1 Stück Suppengrün / Lauch
1 große Zwiebel
1 Stück Fenchel
$1/2$ Paprika
1 dicke Möhre
3 Pilze
3 Knoblauchzehen
1 Fleischtomate
1 EL Brühe
Meersalz
mediterrane Gewürze (Thymian, Salbei, Rosmarin, Lorbeer)
1 EL Olivenöl
$1/2$ l Wasser
$1/2$ l Cidre trocken
Tomatenmark

Gemüse putzen und klein schneiden. Öl in einem hohen Topf erhitzen und nach und nach Zwiebeln, Möhre, Fenchel, Knoblauch, Paprika und Pilze hineingeben. Etwas salzen und von allen Seiten glasig anschmoren. Den Lauch in feine Ringe schneiden und zufügen. Hitze reduzieren. Die Tomate vierteln, den Strunk entfernen und hinzugeben. Mit Deckel etwa 5 Minuten weiterbraten. Die Haut der Tomate entnehmen, Pilze in Scheiben schneiden und hinzugeben. Weitere 5 Minuten mit geschlossenem Deckel bei kleiner Hitze sieden lassen. Gewürze und Tomatenmark zufügen, Wasser angießen, kurz aufkochen, mit geschlossenem Deckel 5 Minuten köcheln lassen. Den Apfelwein einrühren, aufkochen, Hitze abstellen, 5 Minuten ziehen lassen. Den Sud aufkochen und die Muscheln hineingeben. Wenn sich die Schalen öffnen, mit körniger Brühe und Tomatenmark abschmecken.

TIPP: Übrig gebliebene Muscheln von der Schale befreien, den Rest Gemüse und einen Schuss Essig (gerne Balsamico) hinzugeben: Schon hat man einen leckeren Salat. Oder ... die Muscheln ohne Schale wieder in den Sud geben, Mehl mit etwas Sud zu einer Paste verrühren, kurz aufkochen bis eine leicht sämige Konsistenz entsteht, Tomatenmark nach Geschmack einrühren: voilà, eine köstliche Muschelsuppe.

AUSTERN

Austern kann man in vielen Orten am Mittelmeer und am Atlantik kaufen. Sie werden meist roh verzehrt, vielleicht mit ein paar Tropfen Zitronensaft, Pfeffer oder Sekt verfeinert.

Von der Idee, Austern mit einem Messer, Schraubenzieher oder Stechbeitel zu öffnen, ist dringend abzuraten. Viel zu gefährlich! Man kann abrutschen und sich dabei schwer verletzten. An den Küsten gibt es überall Austernmesser zu kaufen. Wer auf Nummer sicher gehen will, kauft noch einen Kettenhandschuh dazu.

Auster mit der gewölbten Seite nach unten gut festhalten. Das runde Ende ist vorn, am spitzen Ende sitzt das »Scharnier«. Das Austernmesser sollte an der vorderen Seite in die Muschel eindringen, sodass der starke Muskelstrang ohne Kraftanwendung durchtrennt werden kann. Erst dann drückt man mit leichter Drehung die Schalen auseinander und zieht das Messer an der Innenseite der oberen Schale entlang.

Wichtig: Auster waagerecht halten, damit das Wasser nicht auslaufen kann. Mit der Messerspitze Verschmutzungen entfernen.

Nun noch das Muskelfleisch aus den Schalenhälften lösen und komplett in die gewölbte Hälfte streichen. Nun kann geschlürft werden.

Austern kann man auch recht einfach grillen. Einfach geschlossen auf den Grill legen und ca. 5-10 Minuten (je nach Größe) garen lassen. Wenn sie sich leicht öffnen lassen, sind sie fertig zum Genießen.

SHRIMPS

Aufgetaut sind Garnelen, Shrimps, Krevetten, Prawns oder Camerons – wie sie je nach Land genannt werden – oft matschig. Reisende, die die Küsten erkunden, bekommen sie fangfrisch an jeder Ecke, oft schon geschält und vorgegart.

- Man isst sie einfach am Fischstand
- mit einem Spritzer Zitrone
- spießt sie auf und grillt sie kurz
- schwenkt sie in der Pfanne und löscht das Ganze mit einem Spritzer Cognac
- brät sie mit viel Knoblauch knusprig, streut üppig gehackte Petersilie darüber und beträufelt alles mit Zitronensaft
- kreiert einen bunten Salat in allen Varianten
- auch Obst darf gern in den Salat gemischt werden, um ihm eine süße Note zu geben, z. B. Apfel, Birne, Ananas, Pfirsich oder Trauben
- und nimmt ein paar zum Frühstück mit

ULRIKES MEERESFRÜCHTEPFANNE BORDEAUX

4 Meeresschnecken
4 Miesmuscheln
2x Fleisch von Venusmuscheln
4 Scampi
8 Shrimps
etwas Krabbenfleisch (Meeresfrüchte sind auch in anderen Anteilen möglich)
1 Schalotte
1 mittelgroße Möhre
2 Knoblauchzehen
3 Tomaten
1 TL Thymian
1 Glas halbtrockener Weißwein (Bordeaux)
2 Lorbeerblätter
1 Spritzer Zitronensaft
1 EL Olivenöl
1 TL körnige Brühe

Das Gemüse putzen und klein schneiden. Öl in einer Pfanne erhitzen und das Gemüse darin glasig anbraten. Lorbeer und Thymian zufügen, unter ständigem Wenden so lange braten, bis die Tomaten zerfallen. Den Wein angießen, kurz aufkochen und die Brühe zugeben. Die Meeresfrüchte in den Sud geben und warten, bis sich die Muscheln geöffnet haben. Mit Zitronensaft, Brühe und Pfeffer abschmecken.

RÜHREI MIT SHRIMPS UND PILZEN

5 Champignons
1 Lauchzwiebel
15 Shrimps
2 Eier
etwas Milch
etwas Mehl
Salz, Pfeffer

Champignons putzen und in Scheiben schneiden. Öl in einer Pfanne erhitzen und die Champignons anbraten, Lauchzwiebel in Ringe schneiden und zugeben. Die Eier mit Milch und etwas Mehl verschlagen (nicht zu dick, sonst hat man Pfannkuchenteig), in die Pfanne geben und unter Rühren stocken lassen. Zum Schluss die Shrimps kurz mit anbraten. Auf Vollkornbrot serviert, ist das eine vollwertige Mahlzeit.

PAELLA

für 2 bis 3 Personen:
50 g Gambas, Größe nach Belieben oder gemischt
50 g Muscheln (frisch und in der Schale)
100 g Hähnchenbrust
1 Tomate
$1/2$ Paprika
1 kleine Zwiebel
1 Tasse Rundkornreis
2 Knoblauchzehen

1 Tasse Erbsen (TK-Ware)
Salz, Pfeffer, Safran, Kurkuma, (wenn erhältlich, sonst Currypulver), Chilipulver
1 EL Tomatenmark
1/2 Tasse trockener Weißwein
etwas körnige Brühe
1 EL Olivenöl
1/2 Zitrone
1 1/2 Tassen Wasser

Das Gemüse putzen und klein schneiden. Den Reis unter Rühren in einer
hohen Pfanne anbraten, bis er anfängt zu springen. Hähnchenbrust zufügen
und von allen Seiten goldbraun braten. Tomaten, Gemüse und Knoblauch
einrühren, kurz anbraten, mit Weißwein ablöschen. In Wasser gelöste Brühe
zugeben. Deckel aufsetzen und etwa 10 Minuten köcheln lassen.
Erbsen und Tomatenmark zufügen, umrühren und aufkochen. Unter geschlossenem Deckel 10 Minuten reifen lassen. Gambas und Muscheln in die Pfanne
geben, einrühren und aufkochen. Den Deckel aufsetzen und etwa 5 Minuten
weiterkochen. Wenn die Muscheln geöffnet sind, ist die Paella fertig.
Mit Zitronenscheiben dekorieren und servieren.

MEERESFRÜCHTE IN TOMATENSUD

Krebse, Krabben und Meeresschnecken gemischt
1 Schalotte
2 Knoblauchzehen
3 Tomaten
1 mittelgroße Möhre
1 Glas (0,1 l) Weißwein
2 Lorbeerblätter
2 EL Tomatenmark
Meersalz und Pfeffer
1 EL Olivenöl
etwas Zitrone

Das Gemüse putzen und klein schneiden. Öl in einer Pfanne erhitzen, Schalotten und Knoblauch kurz anbraten. Die Möhrenwürfel zufügen, von allen Seiten anbraten, Tomaten dazugeben und so lange braten, bis sich die Schale löst. Mit Wein ablöschen. Lorbeerblätter anfügen. 5 Minuten köcheln. Tomatenmark hinzugeben und kurz aufkochen. Meeresfrüchte in die Pfanne geben, gut aufkochen. Weitere 5 Minuten mit geschlossenem Deckel ziehen lassen. Mit Salz, Pfeffer und Zitronensaft abschmecken. Mit Zitronenscheiben servieren. Dazu schmeckt Bulgur oder Reis.

FISCHROGENCREME

2 Heringsrogen
2 Scheiben Toast
1 TL Olivenöl
etwas Zitronensaft oder milder Weißweinessig
Pfeffer
evtl. etwas Salz
evtl. etwas Sahne

Toast in Wasser einweichen, ausdrücken. Rogen mit der Gabel zermusen und dazumischen. Langsam Öl und Zitronensaft zufügen, mit Pfeffer und Salz abschmecken. Evtl. mit Sahne verfeinern.

FISCHROGEN GEBRATEN

2 Fischrogen
2 Lauchzwiebeln
1 Stückchen Butter (sonst Olivenöl)
Salz, Pfeffer
Zitronensaft

Rogen mit wenig Salz, viel Pfeffer und Zitronensaft bestreichen, vorsichtig in Butter kurz braten, Lauchzwiebeln putzen, in Ringe schneiden und zufügen, bis sie zusammenfallen - fertig. Dazu schmecken Baguette, Vollkornbrot oder Pellkartoffeln.

FLEISCH

GRILLFACKEL

Bauchspeck
Senf
Salz und Pfeffer
Kräuter nach Wunsch

Bauchspeck von beiden Seiten salzen und pfeffern. Eine Seite dick mit Senf bestreichen. Kräuter auflegen und mit der Senfseite um einen sauberen, von Rinde befreiten Stock wickeln. An der Nahtstelle mit einem Rouladenspieß oder einem Zahnstocher feststecken (oder mit Zwirn umwickeln). Über einem Feuer unter ständigem Drehen knusprig grillen.

ROASTBEEF

Dieses Rezept eignet sich sehr gut, um es zu Hause vorzubereiten. Es gelingt aber auch über einer Gasflamme prima. Wichtig ist die Qualität des Fleischs.

pro Person:
1 Scheibe Roastbeef, ca. 1,5 cm dick
Salz und Pfeffer
etwas Tandoori-Masala
2 frische Knoblauchzehen
1/2 rote Peperoni (wer es nicht so scharf mag, lässt die Peperoni weg)

Das Roastbeef von beiden Seiten leicht salzen und pfeffern, mit etwas Tandoori-Masala bestreichen, die Knoblauchspalten fest aufs Fleisch drücken. Peperoni in Streifen schneiden, auch auflegen. Alles fest in Frischhaltefolie wickeln und ca. 30 Minuten einwirken lassen. Pfanne mit Olivenöl bestreichen. Das Fleisch aus der Frischhaltefolie nehmen, Peperoni und Knoblauchstückchen abnehmen und beiseitelegen. Fleisch ca. 5 Minuten »atmen« lassen und dann bei möglichst großer Hitze anbraten (das Öl darf nicht verdampfen). Wenn sich das Fleisch wölbt, wenden. Mit einem Hauch Sojasoße beträufeln. Die Knoblauchzehen und Peperoni neben das Fleisch in die Pfanne geben und vorsichtig immer wieder wenden. Wenn sie braun sind, auf das Fleisch legen.
Wenn das Fleisch rundum kross-braun ist, Hitze abstellen. Fleisch, Knoblauch und Peperoni etwa zwei- bis dreimal mit Alufolie umwickeln. Ich gebe noch eine »Haube« über das Roastbeef, z. B. eine Frischhaltedose aus Kunststoff. Mindestens 10 Minuten ruhen lassen.

SCHNITZELWICKEL MIT SPECK

Mageres Fleisch wird über Feuer und in der Pfanne beim Kurzbraten gern zäh. Eine hauchdünne Scheibe Speck verhindert das Austrocknen. Der Verdauung hilft die gute Portion Senf im Wickel.

1 Scheibe Minutenschnitzel vom Schwein
1 hauchdünne Scheibe Schweinespeck

1 EL Senf, mittelscharf oder Senf mit ganzen Körnern
1 EL Tomatenmark
1 kleine Gewürzgurke (Cornichon)
1 Scheibe einer Knoblauchzehe
Salz und Pfeffer
1 Zweig Rosmarin
1 Zahnstocher, Rouladenspieß oder etwas Zwirn

Schnitzel auf Arbeitsfläche auslegen, mit Senf und Tomatenmark, Salz und Pfeffer bestreichen, Gurke und Knoblauch mittig auflegen. Erst oben und unten einschlagen, dann von einer Seite zur anderen aufrollen. Rundum salzen und großzügig pfeffern. Die Speckscheibe in entgegengesetzter Richtung umwickeln und die Roulade so verschließen. Den Speck mit einem Spieß am Fleisch feststecken. Die Schnitzelrouladen in einer Pfanne von allen Seiten anbraten. Kurz vor Ende der Garzeit einen Zweig Rosmarin oder Thymian mitbraten.

TIPP: Die Fleischwickel können auch vorsichtig gegrillt werden.
Achtung: Kein Fett in die Glut tropfen lassen.

GEFÜLLTES SCHWEINEFILET

1 Schweinefilet (ca. 300 g)
1/2 kleine Zwiebel
2 Knoblauchzehen
1/2 Mozzarella 45 % Fett, 125 g
1 EL scharfer Senf
3 Stiele Basilikum
Meersalz und Pfeffer

Schweinefilet mit einem Messer von der Schnittkante her mittig und kreuzförmig aufschneiden, sodass eine Tasche entsteht. (Vorsicht, es dürfen keine Löcher entstehen, da dort der Käse austreten würde.)
Zwiebel, Knoblauch, Mozzarella und Basilikumblättchen fein hacken, gut salzen, pfeffern und alles vermischen. Die Mischung eine halbe Stunde durchziehen lassen.

Die Innenseiten der Filettasche dick mit Senf bestreichen. Die Füllung fest hineindrücken und die Öffnung mit einem Zahnstocher oder einem kleinen Spieß gut verschließen.

Das gefüllte Filet von außen mit Senf bestreichen, salzen und pfeffern: fertig für Grill oder Pfanne.

Das Filet kann auch in einer Pfanne über einem guten Kartuschenbrenner gelingen oder in einer Grillschale über Feuer gebraten werden. Auf dem Rost ist es eher schwierig, da Käse austreten kann. Versuch macht klug.

LACHSFILET IN BLAUSCHIMMEL

pro Person:
ca. 100 g Lachsfilet
1 Schalotte
1 EL Olivenöl
150 g frische Champignons (kleine Köpfe) oder eine Dose
40 g Blauschimmelkäse (milde Variante)

Lachsfilet in schmale Streifen schneiden und diese dann würfeln. Schalotte in Ringe schneiden. Das Öl in einer Pfanne stark erhitzen und Schalotte sowie die Lachswürfel darin erst scharf, dann bei sanfter Hitze ca. 10 Minuten braten. Die Champignons putzen, ggf. zerteilen und zugeben, kräftig rühren und kurz anbraten lassen. Blauschimmelkäse beifügen und die Temperatur klein stellen. Alles sanft vermengen und leise köcheln. Deckel aufsetzen, Hitze abstellen und etwas abkühlen lassen. Dazu mundet warmes Baguette oder Ciabatta.

HACKFLEISCHPASTETE

(für den Omnia-Backofen)
500 g Hackfleisch
½ Baguette (vom Vortag)
3 Eier
3 Lauchzwiebeln
1 EL Korianderblätter
2 Handvoll Ruccola oder junge Löwenzahnblätter
1 Paprika (rot oder gelb)
1 Knoblauchzehe oder ein Bund Bärlauch
körnige Brühe
Salz und Pfeffer
1 Prise Tandoori-Gewürz

Die untere Schale des Omnia-Ofens wird gut mit Wasser gefüllt. Das Brot wässern, gut ausdrücken und zermusen. Gemüse und Kräuter putzen und klein schneiden. Das Hack mit allen Zutaten vermischen und mit körniger Brühe oder Salz, Pfeffer und etwas Tandoori-Gewürz abschmecken. Die Hackmasse in die Gugelhupfform geben, den Deckel aufsetzen und gute 30 Minuten auf kleinster Hitze durchgaren lassen.

TIPP: Essbare Blüten als Deko

TIPP: Wer keinen Omnia-Backofen besitzt, kann das Rezept im Topf mit Deckel probieren. In diesem Fall muss man aber häufig wenden, damit nichts anbrennt, und die Konsistenz wird »bröselig« und nicht fest.

SPINAT UND HACKFLEISCH IM BLÄTTERTEIG

(nur für den Omnia-Backofen)
1 Rolle fertigen Blätterteig mit Backpapier in der Mitte quer halbieren. Beide Teile im Omnia-Backofen mittig aufstellen und an den Außenrändern den Blätterteig umklappen und verschließen (es sollte jetzt aussehen wie ein Mäppchen – siehe Foto).

250 g Hackfleisch (halb / halb)
1 kleine Zwiebel
200 g Blattspinat (frisch oder tiefgefroren)
1 Knoblauchzehe
1 Tomate
2 EL Dosenmilch

Die Zwiebel fein hacken und mit dem Hack von allen Seiten goldbraun anbraten. Knoblauch (ebenfalls fein gehackt) und Tomate (klein gewürfelt) hinzugeben, etwa 5 Minuten weiterbraten. Spinat zufügen und etwa 3 Minuten mit braten. Die Dosenmilch zugeben, umrühren und Hitze abstellen. Die Füllung abkühlen lassen und lauwarm in die Blätterteigtaschen geben. Verschließen. Den Deckel aufsetzen und im Omnia etwa 50 bis 60 Minuten auf kleiner Flamme backen, bis der Blätterteig luftig und hellbraun ist.

TIPP: Ein Stück Blauschimmelkäse in feine Scheiben schneiden und auf der Teigrolle verteilen. Etwa 5 Minuten schmelzen lassen.

GEFLÜGELSALAT MIT FRÜCHTEN

½ Zwiebel
½ kleiner Chinakohl
1 Orange (wenn unbehandelt, ½ TL geriebene Schale)
1 Kiwi (1 Scheibe zu Dekozwecken)
1 EL Joghurt
1 EL Mayonnaise
1 EL Petersilie, gehackt
Knoblauchsalz und Pfeffer
1 Hähnchenbrustfilet

Die Zwiebel fein würfeln und leicht salzen. Den Chinakohl putzen und in feine Streifen schneiden. Die Orange schälen und filetieren. Kiwi schälen und würfeln. Den Joghurt mit der Mayonnaise verschlagen. Alle Zutaten vermischen und abschmecken. Das Hähnchenbrustfilet in Streifen schneiden, mit Salz, Pfeffer und Paprika würzen und im Olivenöl von beiden Seiten goldbraun braten. Warm auf den Salat geben und mit etwas geröstetem Brot genießen.

RINDFLEISCH MIT GLASNUDELN IN GEMÜSE

1 Scheibe Roastbeef, ca. 1,5 cm dick
1 Paprika
1 frische Silberzwiebel
1 Möhre
½ kleine Zucchini
1 Knoblauchzehe
1 Stück Ingwer
1 Strang Glasnudeln
2 EL Sojasoße
1 TL Thai-Green-Currypaste (oder Currypulver und Chilipulver)
1 TL Wasser
1 EL Crème fraîche

Roastbeef in feine Spalten, die Paprika in Streifen, die Zwiebel in Ringe und die Möhre in Stifte schneiden. Alles in etwas Olivenöl anbraten, den Deckel

auflegen und nachgaren lassen. Die Zucchini stifteln, die Knoblauchzehe sehr fein spalten, den Ingwer raspeln. Glasnudeln mit heißem Wasser übergießen oder einmal kurz aufkochen lassen. Alles in die Pfanne geben und ca. 5 Minuten weiter braten. Hitze abstellen und nachziehen lassen. Für die Soße in einem Becher Sojasoße, Thai-Green-Currypaste, Wasser und Crème fraîche verrühren. Die Glasnudeln zur Fleisch-Gemüse-Pfanne geben und die Soße einrühren. Noch einmal aufkochen, schnell umrühren. Fertig. Wenn vorhanden, mit Korianderblättchen überstreuen.

DIP-TIPP

JOGHURTDIP ZEUS

¹/₂ Schlangengurke oder eine kleine Gartengurke
¹/₄ l Joghurt
1 oder 2 Knoblauchzehen, zerdrückt
feines Meersalz
1 TL Olivenöl
Schnittlauch, fein zerhackt (wächst in manchen Gegenden wild!)

Die Gurke schälen, raspeln und mit den übrigen Zutaten vermengen, gut durchziehen lassen.

JOGHURTDIP »SCHEHERAZADE«

¹/₄ l Joghurt
1 Handvoll frische Minze (z. B. Pfefferminze)
1 Msp. Cumin
Korianderkraut nach Geschmack
1 TL Rosinen, die in Wein eingelegt wurden
1 Prise Kurkuma (Gelbwurz)
1 EL brauner Zucker oder ¹/₂ EL Honig oder Agavendicksaft

Alle Zutaten gut vermengen und durchziehen lassen. Die Gewürze können – müssen aber nicht alle verwendet werden. Wichtig sind Minze und Süßungsmittel.

QUARK MIT KALT GEPRESSTEM ÖL

250 g Quark
2 EL kalt gepresstes Leinöl (oder 1 EL natives Olivenöl)
1 Knoblauchzehe, fein zermust
1 Prise Salz
Pfeffer
1 Stück Gurke
1 TL Kräuter der Saison und Region – gern auch Bärlauch (dann keinen Knoblauch verwenden)
1 EL Tomatenmark
etwas fein zerhackte Zwiebel
etwas Basilikum oder Pesto

Den Quark mit dem Leinöl verrühren. Die Gurke schälen und fein reiben oder würfeln. Die Kräuter hacken. Alle Zutaten zum Quark geben. Mit Salz und Pfeffer abschmecken.

AVOCADOCREME MIT ZITRONE

1 reife Avocado
1 EL Joghurt
1 EL Frischkäse
1 Knoblauchzehe, zerdrückt
1/2 TL geriebene Zitronenschale
1 großzügiger Spritzer Zitronensaft

Die Avocado halbieren, den Kern entfernen und das Fruchtfleisch mit einem Löffel aus der Schale lösen und mit einer Gabel in einer Schüssel zu feinem Mus zerdrücken. Joghurt, Frischkäse, Zitronenschale und Knoblauch zugeben. Alles vermengen und mit dem Zitronensaft abschmecken.

AVOCADO MIT JOGHURT UND PESTO

1 kleine Knoblauchzehe
1/2 Schalotte
1 kleine reife Avocado
1 Becher Naturjoghurt
2 Cornichons extra fein (oder 1/2 kleine saure Gurke)
schwarzer Pfeffer
1 gehäufter TL Pesto
etwas Salz
6 getrocknete schwarze Oliven zur Deko

Die Knoblauchzehe fein hacken, die Schalotte sehr fein würfeln. Beides kräftig salzen und zur Seite stellen. Das Fruchtfleisch der Avocado auslösen und zusammen mit dem Joghurt mit einer Gabel zermusen. Die Cornichons fein würfeln und mit dem Pesto zur Creme geben und verrühren. Mit Salz und Pfeffer kräftig abschmecken. Die mintgrüne Creme mit getrockneten schwarzen Oliven belegen.

RÖSTKNOBLAUCHMUS

10 Knoblauchzehen
1 TL Olivenöl
Salz
3 EL Naturjoghurt
2 EL Mayonnaise (oder 1 EL Öl und etwas mehr Zitronensaft)
1 Spritzer Zitronensaft
Paprikapulver zum Abschmecken (wer hat)

Olivenöl in einer Pfanne erhitzen. Den Knoblauch unter häufigem Wenden so lange braten, bis die Schale platzt und die Zehen innen ganz weich sind (mit einem Stäbchen testen). Das Schälen geht jetzt ganz einfach. Mit den anderen Zutaten zusammen in eine Schüssel geben und mit einer Gabel zermusen. Abschmecken.

TOMATEN-FRISCHKÄSE

1 Teil Tomatenmark
2 Teile Frischkäse
1 Tomate in Ministückchen (ohne Kerne und Saft)
Salz und Pfeffer

Tomatenmark mit dem Frischkäse gut mit der Gabel verschlagen. Tomatenstücke zugeben und mit Salz und Pfeffer abschmecken.

KORIANDERBUTTER

¼ Pfund weiche Butter
10 Stiele Koriander von den Blätter befreien und diese klein hacken
1 Prise Meersalz

Die weiche Butter mit dem gehackten Koriandergrün gut vermengen und mit einer Prise Meersalz abschmecken.

ZITRONENBUTTER

¼ Pfund weiche Butter
fein abgeriebene Schale ¼ Zitrone
Blätter von 3 Stielen Zitronenmelisse
1 Prise Pfeffer
½ TL Zitronensaft
etwas Rohrzucker zum Abschmecken

Die Blätter von den Stielen zupfen und hacken. Die weiche Butter mit der geriebenen Zitronenschale und der gehackten Zitronenmelisse gut vermengen. Pfeffern und mit dem Zitronensaft und eventuell etwas Rohrzucker abschmecken.

Lecker zu Maronen, Fisch, Brotvarianten.

ERDNUSSCREME

2 EL Erdnusscreme
4 EL heißes Wasser
1 Schuss Sojasoße
1 Knoblauchzehe, zermust

Die Erdnusscreme in eine Schüssel geben, mit heißem Wasser übergießen und langsam zu einer homogenen Creme verrühren. Mit Sojasoße und Knoblauch abschmecken. Je nach Geschmack mit Tabasco, Curry oder Cumin (gemahlener Kreuzkümmel) und geriebener Ingwerwurzel würzen.

AUBERGINENMUS

1 Aubergine
1 Tasse Olivenöl
2 Knoblauchzehen
2 TL Tomatenmark
1 TL italienische Kräuter oder Petersilie
etwas Rosenpaprika (nach Geschmack)

Die Aubergine in dicke Scheiben schneiden, mit Salz bestreuen und 30 Minuten ziehen lassen. Das Olivenöl erhitzen und die Auberginenscheiben von beiden Seiten hellbraun backen. Die Knoblauchzehen mit der Schale zugeben und unter häufigem Wenden mitbraten. Beide Gemüse abkühlen lassen, die Haut abziehen und mit der Gabel zermusen. Das Mus mit dem Tomatenmark und den gehackten Kräutern gut vermengen, eventuell mit Rosenpaprika abschmecken.

TOMATENSENF

Ketchup kommt mir nicht »in die Tüte« – zu viel Zucker!
Es geht aber auch ohne:
2 Teile Tomatenmark mit 1 Teil Senf und mediterranen Kräutern vermischen – schmeckt wunderbar mit frischem Camembert, auf Frikadellen und Grillfleisch oder an rohem Wurzelgemüse.

SOSSE VINAIGRETTE

Olivenöl
Balsamico
Senf
Salz
Pfeffer
Gewürzgurken, gehackt
1 hart gekochtes Ei

Alle Zutaten mit der Gabel verschlagen. Fertig. Wer möchte, kann noch Kräuter hinzugeben: Kerbel, Estragon, Petersilie, Schnittlauch oder Dill. Die perfekte »Tunke« für Artischocken.

THUNFISCHCREME

(auch als Füllung für Sushi im Algenmantel)
1 Dose Thunfisch
1 EL Mayonnaise
1 Spritzer Zitronensaft
Pfeffer
etwas Sojasoße

Den Thunfisch mit einer Gabel etwas zerdrücken und die restlichen Zutaten unterrühren. Mit etwas Sojasoße abschmecken.

ESSIG-ÖL-DIP

2 Eier
1 EL Petersilie
1 EL milden Essig
2 EL Wasser
Salz und Pfeffer
4 EL Olivenöl

Eier hart kochen. Anschließend kalt abschrecken, schälen und hacken. Die Petersilie waschen, trocken tupfen und hacken. Eier und Petersilie beiseitestellen. Essig und Wasser mit Salz und Pfeffer verrühren und das Öl unterschlagen. Eier und Petersilie unterheben.

TOMATENDIP

Mayonnaise, Joghurt, »Tomatensenf« zu gleichen Teilen verrühren. Mit Salz und Pfeffer abschmecken. Knoblauch schälen und in dünne Scheiben schneiden. In Olivenöl goldbraun braten. Anrichten.

HÄPPCHEN

Diese Rezepte sind alle für Basic-Kochausrüstungen geeignet.

OMELETTE

Ei mit etwas Salz oder Sojasoße verquirlen, in einer Pfanne ganz dünn verteilen und bei niedriger Hitze von beiden Seiten ausbacken.

FEURIGES KNOBIBROT

(für Grill, Feuer oder Pfanne)
1 große Scheibe helles Brot
1 Knoblauchzehe
1 Prise Salz
¼ Chilischote

Brot von einer Seite rösten, wenn es knusprig ist, mit Chilifleisch und Knoblauchzehe kräftig einreiben, salzen und von der anderen Seite ebenfalls knusprig rösten.

ZIEGENKÄSE IM SCHINKENMANTEL

Ein Stück Ziegenkäse von der Rolle auf eine Scheibe milden durchwachsenen Schinken legen. Eine Pfirsich- oder Apfelspalte (oder anderes süßes Obst) oder drei Rosinen aufsetzen, Schinken überlappend um Käse und Obst wickeln. Mit der »Nahtseite« in eine beschichtete Pfanne geben, vorsichtig den Schinken »entfetten« und bräunen, wenden und von der anderen Seite knusprig braten.

RÜHREI MIT WÜRZIGEM FRISCHKÄSE, SPECK UND ZWIEBELN

3 Eier
1 EL Buchweizen- oder Weizenmehl
1 Tasse Sahne
1 kleine Schalotte, gewürfelt
1 Stück durchwachsener Speck, sehr klein geschnitten
1 EL gewürzter Frischkäse, z. B. mit Paprikageschmack
1 TL Thymian
1 Zweig Rosmarin, von den Nadeln befreien und diese hacken
1 EL Olivenöl
1 Prise Salz

Alle Zutaten vermengen und über Hitze (nicht direkt über dem Feuer) vorsichtig stocken lassen. Anschließend knusprig backen.

VOLLKORNBROT MIT CAMEMBERT UNTER SENF UND ZWIEBELHÄUBCHEN

Camembert in dicke Scheiben schneiden, mit süßem Senf bestreichen. Eine halbe Zwiebel fein würfeln, 10 Minuten wässern, etwas salzen und pfeffern und auf dem Camembert verteilen.

Variante: Apfelstückchen und Röstzwiebeln auf das Käsestück legen.
Eine Scheibe Brot in eine Pfanne legen, Käse auf das Brot geben, Deckel aufsetzen und bei geringer Hitze warten, bis der Käse fluffig weich wird.
Variante: Harzer Rolle

AVOCADO MIT GEBEIZTEM LACHS

3 Scheiben Räucherlachs würfeln,
1 Avocado von Haut und Kern trennen und grob würfeln, mit
Schnittlauchröllchen,
Kräutersalz, Pfeffer und
Zitronensaft vermischen.
Wer mag, gibt Dill oder Chili hinzu.

TIPP: Auf Salatgarnitur servieren, z. B. Chicorée oder Lollo rosso, also leicht bitter.

BRUSCHETTA AN VOLLKORNBROT

...schnell und einfach:
...ate

Olivenöl
Salz und Pfeffer
1 Scheibe helles Brot, Baguette oder Vollkorntoast, knusprig geröstet

Die Tomate vierteln, Kerngehäuse entfernen und das Fruchtfleisch würfeln. Knoblauch und Zwiebel fein hacken. Olivenöl, Salz und Pfeffer zugeben, alles vermischen und gut durchziehen lassen. Wer möchte, kann kurz vor dem Servieren das Ganze mit Basilikum abrunden. Bruschetta mittig auf dem knusprigen Brot verteilen, am besten lauwarm genießen.

BANANEN IM CHILI-SCHINKEN

Eine junge frische Banane vierteln. Jedes Viertel wird mit einer dünnen Scheibe rohem Schinken gut umgewickelt. Auf Wunsch mit süßsaurer Chilisoße oder scharfer Chilisoße beträufeln. Auf einer Salatunterlage servieren. Was den Salat angeht, kann unterwegs gespielt werden: Löwenzahn, Sauerampfer oder Salat aus dem Supermarkt? Dazu schmeckt Pumpernickel oder Weißbrot.

ROHE SCHINKENRÖLLCHEN

1 Scheibe roher Schinken (Schinkenspeck)
½ TL grober Senf
1 Tropfen Honig oder Agavendicksaft
5 gemischte Salatblättchen oder Löwenzahn und wilder Salat
3 Schnittlauchstiele oder 1 dünne Zwiebelspalte

Den Schinken mit dem Senf bestreichen und den Honig darüberträufeln, gut verstreichen. Salatblätter, Schnittlauch oder Zwiebel auf den Schinken legen und aufrollen. Wenn möglich, mit einer essbaren Blüte (Kapuzinerkresse oder Veilchen) dekorieren.

WURST- UND KÄSEPLATTE

Nichts Neues: Achten Sie auf Qualität und Regionales. Nichts ist schlimmer als lieblos Zusammengewürfeltes. Oft bekommt man »Wurstplatten« serviert, die einen erschauern lassen. Nutzen Sie regionale Besonderheiten; z. B. französische Fleischwurst mit grobem Senf bestrichen oder rheinische

Fleischwurst mit feinem Senf und roher Zwiebel. Auch lecker: luftgetrocknete Salami auf Apfelscheibchen. Jede Region hat ihre eigenen Wurst- und Käsespezialitäten. Aber Wurst und Käse wollen wohlangerichtet sein. Darum kommt es erst auf den Gaumen und dann auf den optischen Anreiz an.

PEPPIGER INGWER AUF KÄSE

Einfach, schnell – und exotisch: Man bestreicht einen milden Brie einfach mit frisch geriebenem Ingwer und kann sich dann darüber streiten, ob Meerrettich besser schmeckt ... oder Wasabi?

TOMATEN-AVOCADO-SALAT
MIT GELBEM UND SCHWARZEM SESAM

1 reife Avocado
1 große Fleischtomate
1 Lauchzwiebel
Knoblauchsalz, Pfeffer

heller Balsamicoessig (milder Fruchtessig)
1 TL Basilikum-Pesto
1 EL Hartkäse (Comté, Parmesan o. Ä.)
je 1 EL heller und schwarzer Sesam

Avocado teilen, mit einem Löffel das Fruchtfleisch auslösen und in Stücke schneiden. Tomate vierteln, die Kerne entfernen und das Fruchtfleisch würfeln. Lauchzwiebel putzen und in Ringe schneiden. Das Gemüse in eine Schüssel geben, salzen und pfeffern. Den Balsamico und das Pesto zufügen. Alles gut vermischen. Den Sesam in der Pfanne ohne Fett rösten. Den Käse reiben und zusammen mit dem warmen Sesam unter den Salat heben und servieren.

POPCORN

Eine Tasse Popcornmais in den größten verfügbaren Topf mit Deckel geben. Der Deckel muss gut verschließbar sein. Eine Prise Salz, ein paar Gewürze wie Paprika, Pfeffer, Chili oder Tandoori-Mischung oder einen halben Teelöffel Zucker und eine Prise Salz mit dem Mais gut vermischen. Deckel drauf und den Topf gut erhitzen. Vorsicht: Es knallt gewaltig. Erst den Topf aus dem Feuer bzw. von der Flamme nehmen und dann den Deckel öffnen.

PFIRSICH IN BLAUSCHIMMELKÄSE

1 Pfirsich, reif und weich
2 Stücke Blauschimmelkäse ca. dominosteingroß
etwas geriebene Zitronenschale
1 guter Spritzer Weißwein (halbtrocken)
$\frac{1}{2}$ TL Agavendicksaft
1 Prise Pfeffer
2 Gurkenstücke (ca. 4 cm hoch)
1 dicke Fleischtomate
Korianderblättchen oder Petersilie

Den Pfirsich häuten und in kleine Würfel schneiden, vier dünne Spalten beiseitestellen. Den Käse mit einer Gabel mit der Zitronenschale, Weißwein und

Agavendicksaft gut verkneten. Am Schluss die Pfirsichwürfel unterheben. Die Gurkenstücke aushöhlen, die Tomate halbieren, entkernen und ebenfalls aushöhlen. Alle vier Gemüsestücke mit der Käse-Pfirsich-Mischung füllen. Mit zwei Korianderblättchen (oder Petersilie) und je einer Pfirsichspalte dekorieren.

GEMÜSESALAT MIT NETZMELONE

¼ Galia-Melone (Netzmelone)
¼ Gurke
1 kleine Tomate
1 kleine Schalotte
Meersalz, schwarzer Pfeffer
1 EL Olivenöl
1 Schuss heller Balsamico
1 EL gehacktes Korianderkraut
1 Scheibe geräucherter, roher Speck
1 EL gelber Sesam

Die Schalotte sehr fein würfeln, salzen und pfeffern. Melone, Gurke und Tomate würfeln und mit der Zwiebel vermengen. Die Speckscheibe fein würfeln, den Sesam in einer trockenen Pfanne rösten, mit Olivenöl und Essig würzen, Koriander hacken und unterheben, abschmecken.

SUPPEN

HÄHNCHEN-GEMÜSE-RAHMSUPPE

2 Tassen Spargelsud (oder Wasser mit einem Schuss Essig, einem TL Zucker
und einer Messerspitze Brühe)
1 Möhre
1 Zucchini
1/2 kleine Zwiebel
1 kleine Knoblauchzehe
400 g Hähnchenbrustfleisch
1 Msp. grüner Curry
1 EL saure Sahne
Fett

Möhre, Zucchini und Zwiebel fein würfeln. Knoblauchzehe zerdrücken oder
sehr fein hacken. Hähnchenfleisch würfeln. Fett in einem Topf erhitzen und
das Fleisch gut anbraten. Gemüse zugeben und kurz mitbraten. Mit dem
Spargelsud ablöschen und köcheln lassen, bis alles gar ist. Curry und saure
Sahne unterrühren und servieren. Dazu schmeckt geröstetes helles Brot.

CHAMPIGNON-GRÜNKERN-CREME

für 2 bis 3 Personen:
1 kleine Zwiebel
1 EL Olivenöl
200 g Champignons
1 frische, dicke Knoblauchzehe
20 g geschroteter Grünkern (gibt es in Supermärkten, sonst wird im
Bioladen auch gemahlen und geschrotet)
1/2 l Wasser
1/2 TL Brühe (ggf. Meersalz)
2 Zweige Thymian
1 frisches Lorbeerblatt

1 Schuss Milch (3,5 %) oder Sahne
helle Sojasoße

Die Zwiebel fein würfeln. In einem Topf Olivenöl erhitzen und die Zwiebel anschwitzen. Wenn sie glasig wird, die gewürfelten Champignons zugeben und ca. 2 Minuten von allen Seiten schmoren. Die Knoblauchzehe mit dem Messer platt drücken und fein hacken, zufügen und weitere 2 Minuten auf mittlerer Hitze schmoren. Grünkern kurz von allen Seiten mitschwitzen lassen und mit Wasser ablöschen. Brühe, Thymian und das Lorbeerblatt zugeben und alles kräftig aufkochen. Den Deckel fest schließen, Hitze abstellen und ca. 10 Minuten ausquellen lassen. Lorbeerblatt und Thymianzweige rausfischen und einen Schuss Sahne oder Milch (3,5 %) hinzugeben. Kurz pürieren. Mit heller Sojasoße (z. B. Shoyu) abschmecken. Wer möchte, schärft mit etwas getrocknetem Chiligranulat oder Tabasco.

CHAMPIGNON-DINKELSAHNE-SUPPE

200 g Champignons
1 kleine Zwiebel
2 Knoblauchzehen
Oregano und Thymian nach Geschmack
50 g Dinkelmehl (alternativ Weizenmehl)
$1/2$ Packung Sahne oder 2 EL Kondensmilch (je nach Proviant)
1 gestrichener EL würzige Brühe
$1/2$ l Wasser
Sojasoße
1 Scheibe Vollkornbrot (pro Person) geröstet und gewürfelt
Wildkräuter, fein gehackt, z. B. Sauerampfer, Brennnessel oder die Blüten der Kapuzinerkresse oder Gänseblümchen

Die Champignons putzen und klein schneiden, Zwiebel und Knoblauch fein hacken. In einem Topf Fett erhitzen und die Zwiebel glasig anbraten, Knoblauch zugeben und alles goldbraun brutzeln. Champignons in den Topf geben und von allen Seiten zwei Minuten anschmoren. Mit dem Vollkornmehl bestäuben, gut vermengen und kurz weiterschmoren. Mit Wasser ablöschen, sehr gut umrühren und Oregano sowie die Brühe zugeben und verrühren, bis sie sich aufgelöst hat. Kräftig aufkochen. Hitze abstellen und mit geschlossenem Deckel ca. 20 Minuten ziehen lassen. Sahne hinzugeben, dann noch einmal aufkochen und mit der Gabel kräftig durchschlagen. Mit Sojasoße abschmecken und mit Kräutern und Blüten bestreuen.

MISOSUPPE SIMPEL

je 1 kleines Stück Paprika, Möhre, Zwiebel, Ingwer
1 kleine Prise Meersalz
Meeresgemüse (Hijiki-Algen, Arame oder ein Stück einer Nori-Platte)
6 feine asiatische Reisnudeln (Somen)
1 TL helle Misopaste (z. B. Genmai-Miso oder Muri-Miso)
1 TL gehacktes Koriandergrün
1 Stück Tofu

Das Gemüse putzen und klein schneiden. In einem Topf eine Tasse Wasser mit einer Prise Salz aufkochen, Gemüse und Meeresgemüse zugeben und 5 Minuten ziehen lassen. Reisnudeln (Somen) zerbrechen, zugeben, kurz noch einmal aufkochen und 3 Minuten ziehen lassen. Die Misopaste einrühren und den gehackten Koriander überstreuen. Tofu würfeln und in die heiße Suppe geben. Diese Suppe wärmt wunderbar an Regentagen.

TOMATENSUPPE SUPERSCHNELL AUS MARK

1 Tasse Wasser mit
2 EL Tomatenmark
1 TL feiner Dijon-Senf
1 TL Rosmarin oder Thymian
1 TL Crème fraîche, saure Sahne oder Kondensmilch
etwas geriebener Ingwer oder etwas geriebener Knoblauch
Sojasauce

Wasser in einem Topf aufkochen, Tomatenmark und Senf einrühren und mit Rosmarin oder Thymian würzen. Crème fraîche einrühren und etwas geriebenen Ingwer dazugeben. Mit Sojasoße abschmecken.

DESSERT

OBSTTELLER MIT MINZE UND AHORNSIRUP

Süße und säuerliche Früchte der Saison mit ein paar Minzblättchen mischen und mit Ahornsirup beträufeln. Ein Schuss Sekt dazu erfrischt.

PUDDING AUS FRISCHEM ORANGENSAFT

3 unbehandelte Orangen / 1 TL geriebene Orangenschale
1/2 Päckchen Vanillepuddingpulver
2 EL Zucker
1 kleine Prise Salz
Zitronenmelisse-Blättchen
Zartbitter-Schokoraspeln

Die Orangen auspressen und den Saft etwas salzen. Zusammen mit dem Puddingpulver und den übrigen Zutaten aufkochen lassen und vom Herd nehmen. In zwei hübsche Glaser oder Schalen füllen. Wenn der Pudding abgekühlt ist, mit Zitronenmelisse-Blättchen und Zartbitter-Schokoraspeln bestreuen.

OBSTSALAT MIT GRAUPEN

1 Tasse Graupen
1 EL Rosinen
1 EL Koriander, Zimt, Kardamom (zerstoßen)
1 Apfel
1 Birne
Saft einer 1/2 Orange
1 TL Rohrohrzucker
1 Becher Naturjoghurt
1 EL Mandelsplitter

Die Graupen einweichen, aufkochen und 20 Minuten köcheln lassen. Koriander, Zimt und Kardamom hinzugeben. Weitere 10 Minuten köcheln und gut
ausquellen lassen. Apfel und Birne in feine Würfel schneiden und mit dem
Orangensaft mischen. Mandelsplitter kurz in der trockenen Pfanne rösten
und mit dem Obst vermengt in die warmen Graupen rühren. Deckel aufsetzen
und ziehen lassen, bis das Obst leicht entsaftet. Joghurt unterheben und mit
dem Rohrzucker abschmecken.

PFIRSICHE MIT ZIEGENKÄSEFÜLLUNG

2 Pfirsiche
2 EL Ziegenfrischkäse
1 kleine Lauchzwiebel, fein zerhackt
1 Radieschen in winzigen Würfeln
1 Prise Currypulver
schwarzer Pfeffer
Salz oder Knoblauchsalz

Pfirsiche in einer Schale mit kochendem Wasser überbrühen, kurz ziehen
lassen, die Haut abziehen, halbieren und den Kern entfernen. Alle übrigen
Zutaten mischen, abschmecken und in die Pfirsichhälften füllen. Die Pfirsichhälften in einer Grillpfanne kurz erhitzen und warm servieren.

WARME MELONENSPALTEN
MIT WODKA UND ZITRONENJOGHURT

pro Person:
1 Spalte (ca. ⅛ Stück) Wassermelone
1 EL Wodka
1 TL brauner Zucker
1 EL Saft einer Limette
½ Becher Naturjoghurt, mind. 3,5 % Fettgehalt
1 EL Pfefferminzblättchen

Die Melone entkernen. Wodka, Zucker, Limettensaft vermischen. Das Melonenstück damit beträufeln und 5 Minuten einziehen lassen. Anschließend die Melone in einer Grillschale oder auf einem Stück Alufolie über dem Feuer kurz von beiden Seiten erhitzen. Den Rest der Wodka-Saft-Mischung mit dem Naturjoghurt verrühren. Das warme Melonenstück auf einem Teller mit dem aromatisierten Joghurt anrichten und mit Pfefferminzblättchen bestreuen.

KOKOSPFANNKUCHEN MIT MARMELADE

½ Tasse Mehl
1 Ei
1 EL brauner Zucker
1 EL Kokosraspeln
Mineralwasser
Öl für die Pfanne
Englische Bitterorangenmarmelade
3 Zweige Zitronenmelisse

Mehl, Ei, Zucker und Kokosraspeln gut vermengen und mit Mineralwasser zu einen dünnen, glatten Teig verrühren. Den Teig 10 Minuten gehen lassen. Die Blättchen der Zitronenmelisse fein hacken und in den Teig einrühren, der dann in einer gefetteten Pfanne zu Pfannkuchen ausgebacken wird. Die Pfannkuchen mit Marmelade bestreichen und mit ein paar Blättchen Zitronenmelisse anrichten.

MAHLZEIT OHNE ABWASCH

BROTSCHÜSSEL

Brote aller Art kann man aushöhlen und mit Suppen oder Eintöpfen befüllen. Den »Teller« isst man zum Schluss einfach auf. Der ausgehöhlte Brotteig
kann zu Frikadellen (siehe Rezept) verarbeitet oder als geröstete Stückchen
einfach wieder zur Suppe gegeben werden.

FINGERBROT

Elegant und raffiniert sind auch gefüllte Stockbrote. Das fertige Brot wird
vom Stock gezogen und die Öffnung mit Frischkäsevariationen, Schinkenröll-
chen oder kleinen Würstchen gefüllt. Lecker schmeckt auch Avocadocreme
in dieser Brotummantelung.

TELLERBLÄTTER

2 bis 4 harte Blätter von Kohlköpfen, Salat, Rettich oder anderem essbaren
Gemüse mit der Wölbung nach außen so ineinanderschichten, dass sich ein
fester »Teller« ergibt.
Für Fingerfood prima geeignet.

GEMÜSETELLERCHEN

Ausgehöhlte Gurke, Rettich, Tomaten können als
»Schälchen« verwendet werden. Möhren in Längsschei-
ben, Rettich, Gurke oder Paprika können als Unterlagen
für Fingerfood dienen und lecker belegt werden.
Auflagen: Käsestück, Garnele, kleine Frikadelle, Räu-
cherfisch mit etwas Dip, sauer eingelegte Sardellen,
Fischrogen, Frischkäse, Tomaten-Senf, Mayonnaise,
einfach nur mit Salz und Pfeffer bestreut.

Einmal kochen und zweimal garen: Beim Reiskochen können ein oder zwei Hühnereier direkt mitgekocht werden.

RESTEVERWERTUNG

Hinweise dazu findet man im Rezeptteil. Mit Eiern und einer Pfanne kann man aus Resten von Kartoffeln, Reis, Getreide, Nudeln immer neue leckere Mahlzeiten zaubern.

Erst Soße, dann Suppe - Soßenreste mit Wasser, etwas Sojasoße, einem Schuss Wein, frischen Kräutern, Frischkäse und vielleicht ein paar japanischen Nudeln ergänzen, und im Handumdrehen hat man eine warme Suppe (siehe Hähnchen-Gemüse-Rahmsuppe).

GETRÄNKE

TEE WÄCHST (FAST) ÜBERALL

Nicht überall hat man frisches Wasser gegen den Durst. Viel trinken ist aber gerade bei körperlicher Anstrengung extrem wichtig. Tee ist auf Reisen gut, weil das Wasser dann abgekocht - und somit keimfrei - ist.

- Holunderblütentee hilft gegen Sommergrippe, Hitzewallungen und sorgt für einen ruhigen Darm und besseren Schlaf. 1 TL Blüten (auf »Bewohner« untersuchen) mit kochendem Wasser übergießen, 30 Sekunden bis 10 Minuten ziehen lassen, absieben.
- Pfefferminztee ist kühlend und wirkt leicht anregend - auch auf Leber und Darm.
- Melisse ist beruhigend und regt den Appetit an.
- Fenchelkörner helfen - insbesondere zusammen mit Kümmel und Anis - bei Blähungen und Völlegefühl.
- Spitzwegerich schmeckt schlimm, hilft aber bei Husten und Entzündungen im Mund.
- Salbei beruhigt Magen und Darm. Bei Halsschmerzen kann man mit einem starken Salbeitee gurgeln.
- Kamillenblütentee ist krampflösend und entzündungshemmend (nie am Auge verwenden!). Achtung: Echte Kamille duftet typisch!

APFEL-ZITRONEN-TEE

Schale eines unbehandelten Apfels und ein Stück abgeriebene Zitronenschale mit heißem Wasser übergießen, Zitronenmelisse oder einen Schuss Zitronensaft zufügen. Wer möchte, süßt mit Honig oder Zucker.

INGWERWASSER

$1/2$ Daumen großes Stück Ingwer in einer Tasse mit heißem Wasser übergießen. Etwas Honig und ein bisschen abgeriebene Zitronenschale zufügen. Wärmt und beugt Erkältungen vor.

HEISSE BRÜHE MIT ALGEN

An kalten Tagen hilft schnell eine Tasse mit körniger Brühe, einem Spritzer Tabasco und einem EL gehacktem Meeresgemüse (Hijiki / Arame / Nori).

JOGHURTGETRÄNKE

Ayran, Lassi, Dugh – es gibt viele Namen für Joghurtgetränke. Sie werden mit Sprudelwasser verdünnt (max. $\frac{1}{2}$ l / Glas Wasser auf $\frac{1}{2}$ l / Glas Joghurt) und können gesalzen, gesüßt, mit Fruchtpüree oder -saft vermischt werden. Gewürze, wie z. B. Muskat, Kardamom und Pfeffer, Minze oder Melisse, geben Aroma. Sehr erfrischend in warmen Zeiten! Und lecker zu Linsen- und Getreidegerichten.

ORANGENBIER MIT MINZE

0,5 l Bier

5 Minzblättchen mit ganz wenig heißem Wasser überbrühen und 2 Minuten ziehen lassen. Eine Orange auspressen. Das geht prima mit einem Taschenmesser: Orange quer halbieren und Saft mit etwas Fruchtfleisch drehend ins Glas drücken. Mit hellem Bier auffüllen. Erfrischend!

EIERHERZEN

Eine herzige Idee. Ein Ei 4 Minuten
kochen, pellen, ein Stäbchen auflegen und das Ei mit zwei Gummi-
bändern in einem aufgeschnittenen
Pappkarton 10 Minuten festklem-
men. Anschließend längs halbieren.
Auf bunten Gemüsestückchen mit
fein gehacktem Bärlauch anrichten.

Salzen und pfeffern. Etwas Olivenöl und hellen Weinessig darübergeben. Wer
möchte, gibt süßsaure Chilisoße aufs Eigelb. Alternativ: Kaviar.

TISCHKULTUR

Ein Fell oder ein alter Teppich als Sitzunterlage, Wildblumen in einem Glas
oder einer leeren Flasche, Kerze, Tischdecke oder ein kariertes, sauberes
Küchenhandtuch, »Schätze der Natur«, z. B. Muscheln, Zapfen, hübsche
Steine. Decken Sie auch unter freiem Himmel mit Liebe und Fantasie.

REGISTER

BEZUGSQUELLEN

Kochgeschirr:
Relags GmbH
www.relags.de

Hobo-Kocher:
STC GmbH
www.picogrill.ch
www.snowventure.ch

Campingkocher:
Dometic WAECO International GmbH
www.dometic-waeco.de

Outdoorbackofen:
Koala Marketing Company AB
www.omniasweden.com

Spiritus- und andere Kocher:
Esbit Compagnie GmbH
www.esbit.de

Gaskartuschen und Grillgeräte:
Camping Gaz (Deutschland) GmbH
www.campingaz.com

Trinkwasserkonservierung:
Micropur
Katadyn Deutschland GmbH
www.katadyn.com

Aquaclean von Yachticon
shop.yachticon.de/Trinkwasser

Bibliografische Information der Deutschen Nationalbibliothek
Die Deutsche Nationalbibliothek verzeichnet diese Publikation
in der Deutschen Nationalbibliografie; detaillierte bibliografische
Daten sind im Internet über http://dnb.dnb.de abrufbar.

1. Auflage
ISBN 978-3-667-10471-7
© Delius Klasing & Co. KG, Bielefeld

Lektorat: Birgit Radebold/Eva Grieger
Titelfoto vorn: Jeff Diener/gettyimages; hinten (Icons): fotolia
Fotos: alle Fotos von Ulrich Albus mit Ausnahme von:
S. 2: Greg Von Doersten/gettyimages;
S. 4: Egmont String/ImageBROKER/age fotostock; S. 14: Fotosearch/age fotostock;
S. 32: Jordan Siemens/gettyimages; S. 35: Lena Granefelt/Johner Images RF/age fotostock;
S. 48: Mikael Svensson/Johner Images RF/age fotostock;
S. 74: Keith Douglas/All Canada Photos/age fotostock;
S. 88: CSP_deyangeorgiev/Fotosearch LBRF/age fotostock;
S. 105: Matthew Micah Wright/gettyimages; S. 115: Wundervisuals/gettyimages;
S. 123: Fenneke Wolters-Sinke/PictureNature/age fotostock;
S. 144: SCP_CandyBoxImages/Fotosearch LBRF/age fotostock;
S. 150: Bill Stevenson/age fotostock
Einbandgestaltung und Layout: Gabriele Engel
Lithografie: scanlitho.teams, Bielefeld
Druck: Print Consult, München
Printed in Slovakia 2016

Delius Klasing Verlag, Siekerwall 21, D - 33602 Bielefeld
Tel.: 0521/559-0, Fax: 0521/559-115
E-Mail: info@delius-klasing.de
www.delius-klasing.de

LAURA PATTARA
POCKETGUIDE FÜR GLOBETROTTER

DELIUS KLASING VERLAG

Ich reise, weil ich neugierig auf die Welt bin,
in der wir leben.
Ich reise, weil es meinen Geist und meinen Körper fit hält.
Ich reise, weil es mich glücklich macht.
Ich reise, weil …
Ich reise.

Entzauberte Irrglauben

Es gibt zahlreiche falsche Vorstellungen über das »Vagabundenleben«. Bisweilen wird es als idyllischer Traum beschrieben, der für die meisten Normalsterblichen unerreichbar bleibt, dann wieder als äußerst einsame und harte Form der Existenz.

Einige dieser Ansichten haben ihre Berechtigung. Doch andere sind so unbegründet, dass sie beinahe schon wieder komisch sind. Bevor Sie voreilig Schlüsse ziehen, tun Sie sich selbst besser einen Gefallen und lernen, Fakten von Fiktion zu unterscheiden.

Irrglaube eins:
Langzeitreisen sind teuer

Laut gängiger Meinung kann nur als Langzeitreisender leben, wer entweder geradezu unanständig reich oder, alternativ, gerade von Bill Gates adoptiert worden ist. Dieser Irrglaube ist derart weit verbreitet, dass ich manchmal schreien möchte: »Ach, wenn ihr nur wüsstet!« Alle, die meinen, dass mein Leben viel Geld erfordert, haben wahrscheinlich im Kopf die Kosten für ihre letzte einwöchige Reise nach Zermatt mit 52 multipliziert und dabei eine lächerlich hohe Summe herausbekommen. Wenn Sie das tun, dann haben Sie einen völlig falschen Blickwinkel.

Die Welt ist nicht die Schweiz, wo die Kosten für eine Mahlzeit in einem schicken Restaurant mit dem Bruttoinlandsprodukt eines kleinen afrikanischen Landes wetteifern. Tatsächlich geht es in der Welt im Schnitt eher wie in Indonesien zu, wo man für lediglich zehn Euro einen Bungalow für die Nacht mieten und drei unglaublich köstliche Mahlzeiten genießen kann. Natürlich kann man auch 5000 Euro für einen einwöchigen Skiurlaub in Zermatt ausgeben oder eben für den gleichen Betrag **ein ganzes Jahr** mit dem Rucksack durch Südostasien reisen. Reisen kann so günstig oder teuer sein, wie Sie es wollen oder für nötig halten.

Ein weiterer Grund für diese Fehlannahme ist, dass eine Urlaubsreise immer Extrakosten verursacht, weil in der Zeit ja die laufenden Kosten wie Miete, Versicherungen usw. zu Hause weiter bezahlt werden müssen. Nomaden aber machen ihre Reiseziele zu ihrem Zuhause und vermeiden so doppelte Ausgaben. Etwas Verpflegung, ein Dach über dem Kopf und ein kleines bisschen Extrageld ist alles, was sie brauchen. Alles andere ist überflüssig. Toll, wenn man es sich leisten kann. Doch es ist absolut kein Hinderungsgrund loszufahren, wenn man es nicht kann.

Irrglaube zwei:
Für Vagabunden gibt es eine Altersgrenze

Der Reisevirus macht keine Unterschiede, befällt Menschen aller Altersgruppen und in allen Lebensumständen. Obwohl das Reisen mit zunehmendem Alter etwas beschwerlicher wird, ist es ganz und gar nicht wahr, dass es nur ein Vorrecht der jüngeren Generation ist. Sicher, es kann wahnsinnig zermürben, zwölf Stunden in einem vollgestopften Bus zu hocken, stundenlang auf einer mit Schlaglöchern übersäten Straße unterwegs zu sein oder ganze Tage mit Grenzübertritten, Visaangelegenheiten oder solchen Dingen zu verbringen. Aber es gibt einen Trick, Erschöpfung zu vermeiden. Verteilen Sie diese extrem anstrengenden Tage über eine längere Zeitspanne, insbesondere wenn Sie schon etwas älter sind.

Chris und ich reisen viel langsamer als in unseren Zwanzigern und Dreißigern. Das gilt besonders für unsere Tour von Deutschland nach Australien mit Puck und Pixie, unseren treuen, wenn auch leicht rostigen Motorrädern. Mit einem Motorrad unterwegs zu sein, ist wesentlich anstrengender als mit einem Campmobil. Stellen Sie sich also darauf ein, dass es an Ihnen zehren wird, wenn Sie sich erst in Ihren frühen Vierzigern für die Motorradvariante entscheiden. Wenn wir heute einen schönen Ort entdecken, dann möchten wir im Vergleich zu früher länger bleiben. Unser Drang, möglichst viele Stätten zu sehen, ist durch unseren Wunsch ersetzt worden, weniger Orte mit mehr Tiefgang zu erkunden. Eine Frage des Alters? Das will ich doch hoffen! Langsamer zu reisen hat unzählige Vorteile; dabei sinkt nicht nur der Stresslevel, sondern auch die Kosten reduzieren sich.

Wenn Sie ein bisschen älter sind, dann könnte es klug sein, entspannendere Möglichkeiten des Vagabundierens zu suchen. Es ist wohl unnötig zu erwähnen, dass eine Reise im eigenen Wohnmobil wesentlich komfortabler ist, als mit dem Rucksack auf dem Rücken von Hostel zu Hostel zu ziehen. Der zusätzliche Komfort wird Sie weit tragen und

24

sicherstellen, dass Sie nicht unnötigerweise an Übermüdung oder Reiseunlust leiden. Reisen Sie langsam, damit Sie, wenn Sie sich zum nächsten Ziel aufmachen, die Weiterreise auch genießen können.

Sie sind nur zu alt zum Reisen, wenn Sie auch zu alt zum Leben sind. Wenn Sie sich auf den Weg machen wollen, Sie aber aufgrund Ihres fortgeschrittenen Alters zögern, dann denken Sie daran, dass Sie heute jünger sind, als Sie es jemals sein werden. Die beste Zeit zum Reisen ist **jetzt!**

Irrglaube drei:
Intensives Reisen führt zu einem einsamen Dasein

Ich weiß nicht, wie es anderen geht, aber ich habe mich in einem Raum voller Menschen, die meine Interessen und meine Einstellungen nicht geteilt haben, schon einsamer gefühlt als jemals unterwegs. Einsamkeit rührt von der Unfähigkeit her, Erfahrungen und Gedanken zu teilen, die einem am wichtigsten sind. Wenn man reist, dann hat man ständig Kontakt zu gleichgesinnten Menschen. Daher entwickeln sich unterwegs auch so schnell Freundschaften. Es hängt von **Ihrem** Handeln ab, bereichernde Gesellschaft zu finden. Sie wünschen sich Geselligkeit? Dann übernachten Sie in einem beliebten Hostel! Sie brauchen Zeit für sich? Dann schlagen Sie sich für eine Woche mit dem Zelt in die Büsche!

Dies vorangestellt, sollte man dennoch nicht vergessen, dass Reisende viel Zeit allein verbringen; sie deshalb aber alle als einsam zu betrachten, wäre falsch. Reisen garantiert Ihnen Alleinsein, was die meisten Vagabunden ehren und schätzen. Wenn wir Zeit und Raum mit anderen teilen, dann geschieht

25

239 S., Format 12,0 x 18,0 cm, flexibel gebunden
Euro 16,90 (D)/17,40 (A)
ISBN 978-3-7688-3888-7
www.delius-klasing.de

E-book: 13,49 Euro